M.C. ESCHER

Lorenzo Coltellacci · Andrès Abiuso

Aus dem Italienischen von Ingrid Ickler

UNMÖGLICHE WELTEN

KNESEBECK

*All denen gewidmet, die die Dinge gerne
aus einem anderen Blickwinkel betrachten.*

Titel der Originalausgabe: *Escher. Mondi impossibili*

Projektleitung: Ellen Venzmer, Knesebeck Verlag
Übersetzung: Ingrid Ickler, Bensheim
Lektorat und Satz: VerlagsService Dietmar Schmitz GmbH,
Kirchheim-Heimstetten
Umschlagadaption: Fabian Arnet, Knesebeck Verlag
Separationen: Reproline mediateam GmbH & Co. KG,
Unterföhring
Herstellung: Arnold & Domnick, Leipzig
Druck: DZS Grafik d. o. o.
Printed in Slovenia

MIX
Papier aus verantwortungsvollen Quellen
FSC® C106600

ISBN 978-3-95728-712-0

www.knesebeck-verlag.de

ARNHEIM, NIEDERLANDE, ANFANG DES 20. JAHRHUNDERTS
12 +
14 =

ÄHEM!
DU DA! JUNGER MANN!
WILLST DU NOCH EINE MIESE NOTE IN MATHE BE-KOMMEN?
DU DA!

DU DA!
AAAAAAAHHHH

W...WAS? W...WO BIN ICH?
WAS IST LOS? EBEN SASS ICH NOCH IM KLASSENZIMMER UND PLÖTZLICH ...
ENTSCHULDIGUNG, WISSEN SIE, WO WIR HIER SIND?
ICH MUSS WOHL IM UNTERRICHT EINGESCHLAFEN SEIN ... JA, GENAU.

DAS KANN SO NICHT WEITERGEHEN, ES WIRD TAG FÜR TAG SCHLIMMER.
BIN ICH ... TOT?

ES REICHT!

DU BIST MAUK, ODER?
AAAAHH!
GANZ RUHIG! DU HAST IHN WOHL SCHON GETROFFEN ... ABER DU SOLLTEST NICHT HIER SEIN!
WO SIND WIR DENN HIER? WER BIST DU? WER IST ER? UND WIESO SIEHT ER MICH NICHT?
EINES NACH DEM ANDEREN. ZUERST EINMAL: DU BIST NICHT TOT. UND ICH BIN DEIN ... GUIDE. DU KANNST FROH SEIN, DASS ICH DICH GLEICH GEFUNDEN HABE. AUF DIESEN TREPPEN VERLÄUFT MAN SICH LEICHT.

WIR BEFINDEN UNS IN ROM, IN DER VIA POERIO, IM JAHR 1935.
1935?! BIN ICH DURCH DIE ZEIT GEREIST?
ZEIT IST HIER EHER RELATIV.
WIESO SIEHT ER UNS NICHT?
HM, WIR SIND EBEN ... AUF EINER ANDEREN EBENE.
WAS HEISST DAS?
ES IST KOMPLIZIERT, ICH WEISS. LASS UNS DOCH KURZ ZURÜCKGEHEN ...
ICH GEHE NIRGENDWO HIN, WENN DU MIR NICHT SAGST, WOHIN DU MICH BRINGST.
NA, KOMM, BIST DU DENN GAR NICHT NEUGIERIG?

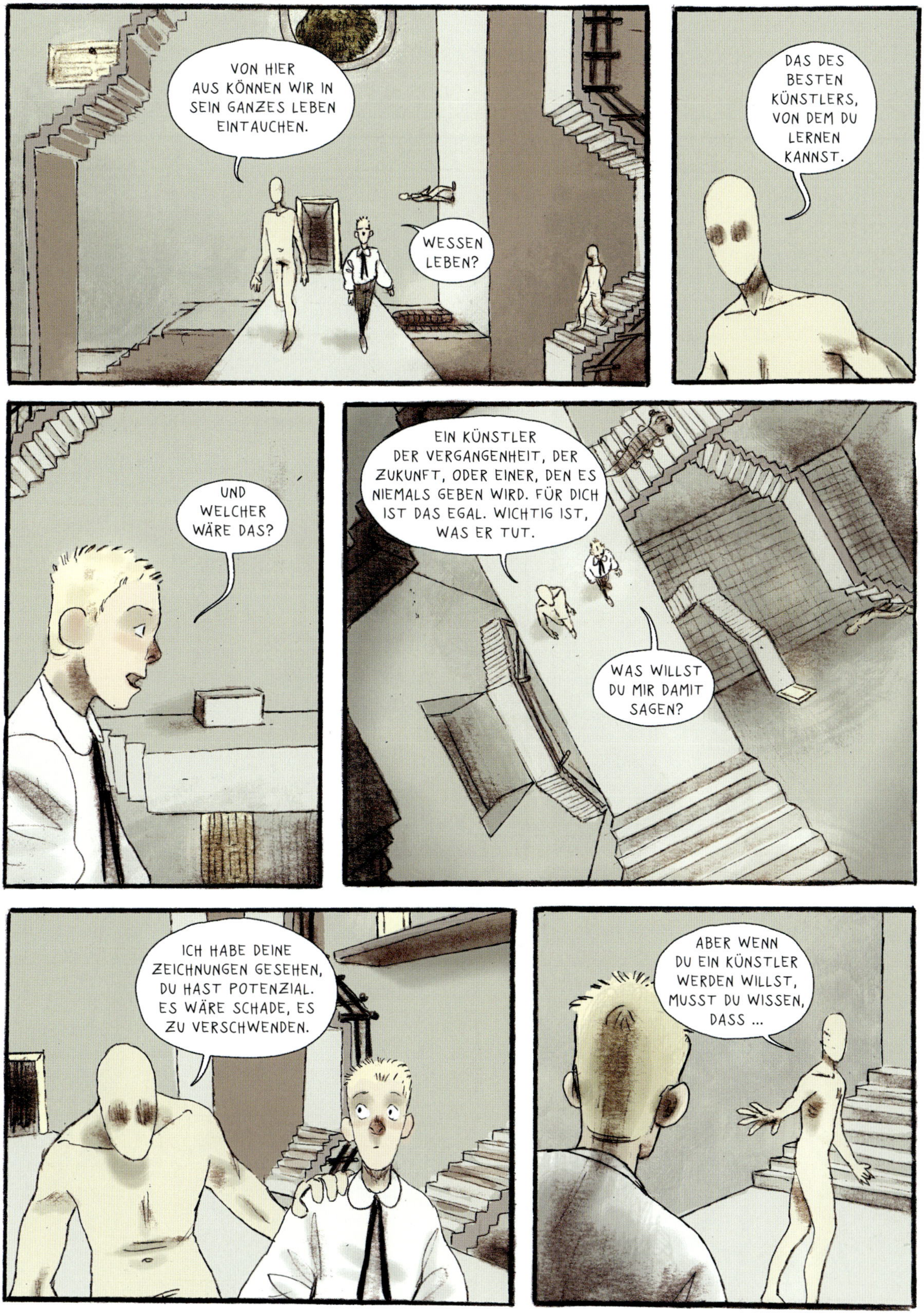
VON HIER AUS KÖNNEN WIR IN SEIN GANZES LEBEN EINTAUCHEN.
WESSEN LEBEN?
DAS DES BESTEN KÜNSTLERS, VON DEM DU LERNEN KANNST.
UND WELCHER WÄRE DAS?
EIN KÜNSTLER DER VERGANGENHEIT, DER ZUKUNFT, ODER EINER, DEN ES NIEMALS GEBEN WIRD. FÜR DICH IST DAS EGAL. WICHTIG IST, WAS ER TUT.
WAS WILLST DU MIR DAMIT SAGEN?
ICH HABE DEINE ZEICHNUNGEN GESEHEN, DU HAST POTENZIAL. ES WÄRE SCHADE, ES ZU VERSCHWENDEN.
ABER WENN DU EIN KÜNSTLER WERDEN WILLST, MUSST DU WISSEN, DASS ...

... HINGABE, AUFOPFERUNG, ENTMUTIGUNG, ABER AUCH EINIGES AN FREUDE DEN WEG DES KÜNSTLERS BESTIMMEN, SOFERN DU GLAUBST, DASS ES DEIN WEG IST.
UND WENN ICH ES NICHT GLAUBE?
DANN GIB AUF.
ICH WEISS, DU HAST ANGST ...
... ABER DAS HIER KANN DIE WICHTIGSTE REISE DEINES LEBENS WERDEN.
WENN DU MIR FOLGST, WIRST DU LERNEN, WIE MAN KÜNSTLER WIRD ... ODER DU PAUKST WEITER MATHE.
W...WARTE! ICH KOMME!

UNIVERSITÄT HAARLEM FAKULTÄT FÜR ARCHITEKTUR UND DEKORATIVE KÜNSTE
WAS HAT IHR VATER ENT-SCHIEDEN?
ER HAT ZUGE-STIMMT?
OH, PROFESSOR! OHNE SIE HÄTTE ER NIEMALS ZUGE-STIMMT.
JA!
WAS FÜR EIN GLÜCK! ICH SAGTE IHREM VATER, DASS IHR TALENT IN DER ARCHITEKTUR VERSCHWENDET IST. DIE TEILNAHME AN MEINEM KURS WERDEN SIE NICHT BE-REUEN!
VIELEN DANK, PROFESSOR DE MESQUITA!
ICH KENNE DIESEN ORT ...!
JA, WIR SIND IN HAARLEM, IN DER NÄHE DEINER HEIMATSTADT, ALLERDINGS IM JAHR 1919. DORT HAT ALLES ANGEFANGEN.

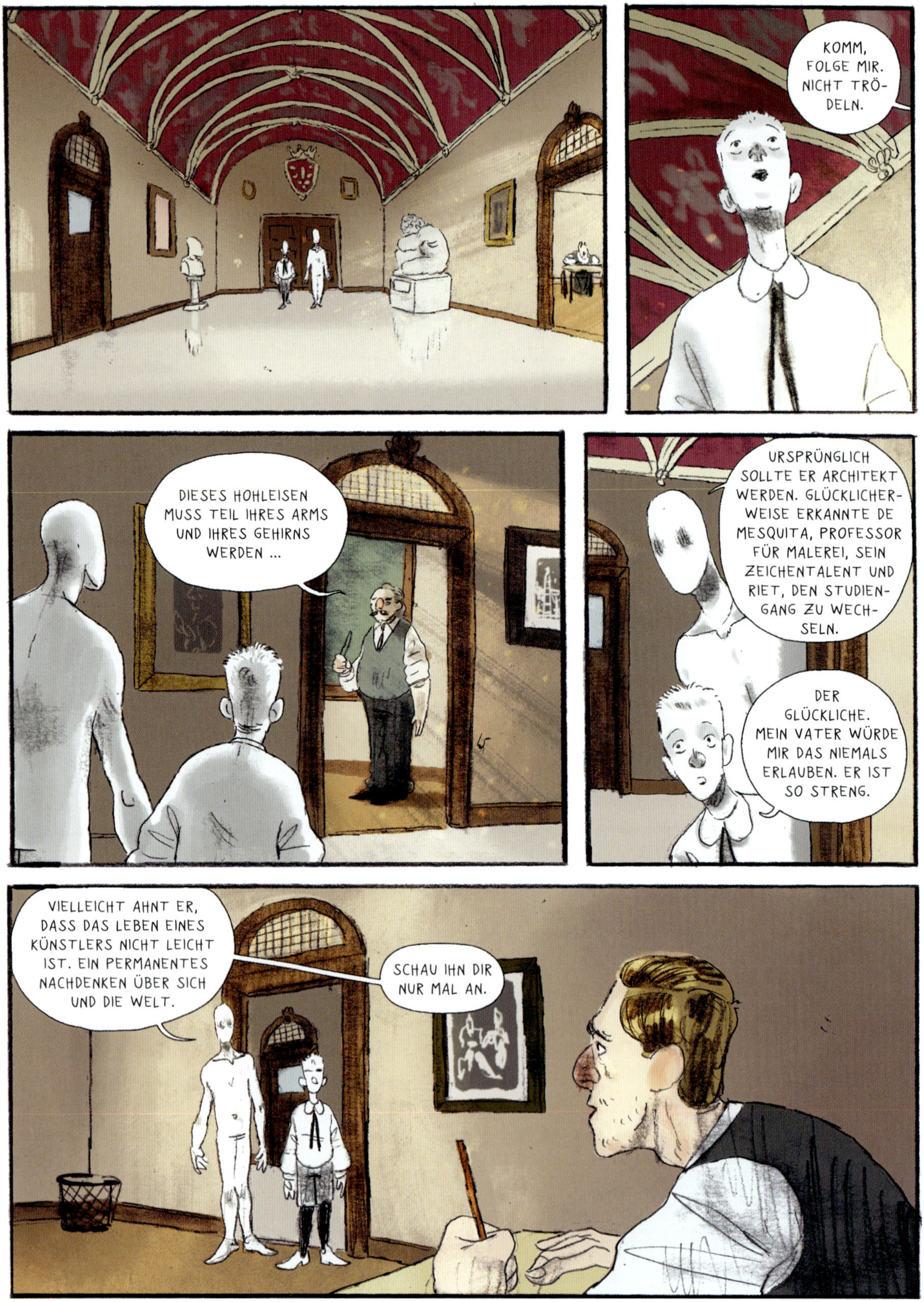
KOMM, FOLGE MIR. NICHT TRÖDELN.
DIESES HOHLEISEN MUSS TEIL IHRES ARMS UND IHRES GEHIRNS WERDEN ...
URSPRÜNGLICH SOLLTE ER ARCHITEKT WERDEN. GLÜCKLICHERWEISE ERKANNTE DE MESQUITA, PROFESSOR FÜR MALEREI, SEIN ZEICHENTALENT UND RIET, DEN STUDIENGANG ZU WECHSELN.
DER GLÜCKLICHE. MEIN VATER WÜRDE MIR DAS NIEMALS ERLAUBEN. ER IST SO STRENG.
VIELLEICHT AHNT ER, DASS DAS LEBEN EINES KÜNSTLERS NICHT LEICHT IST. EIN PERMANENTES NACHDENKEN ÜBER SICH UND DIE WELT.
SCHAU IHN DIR NUR MAL AN.

MCE

GENUG FÜR HEUTE. DU MACHST DAS HERVORRAGEND. RUH DICH AUS!
AN DER FAKULTÄT FÜR ARCHITEKTUR UND DEKORATIVE KÜNSTE IN HAARLEM, BEI SEINEM PROFESSOR – UND SPÄTEREN FREUND – DE MESQUITA, LERNT ER DIE TECHNIK, DIE PRÄZISION DER BEWEGUNG.
ER WIRD EIN MEISTER DES HOLZSCHNITTS UND DER LITHOGRAFIE.
LANGSAM ÖFFNET ER SICH DER WELT, BEOBACHTET SEINE UMGEBUNG.
ABER ER HAT DAS GEFÜHL, DASS ES SEINEN BILDERN AN ETWAS FEHLT. ANDERE BESTÄTIGEN DIESE ANSICHT.

WIE SIEHT ES MIT IHREM NEUEN STUDENTEN AUS? SIND SIE ZUFRIEDEN?
ER HAT TALENT, IST ABER SEHR INTROVERTIERT. ER SIEHT DIE WELT NOCH ZU PHILOSOPHISCH, IST ZU SEHR NACH INNEN GEWANDT. ICH WEISS NICHT GENAU, OB DAS KLAPPEN WIRD.
ICH VERSTEHE. MAN SIEHT IHN SELTEN MIT SEINEN KOMMILITONEN ZUSAMMEN.
EINIGE SEINER ARBEITEN SIND AUSSERGEWÖHNLICH. ABER WENN ER KEINE INSPIRATION FINDET, WIRD ER NIEMALS EIN WAHRER KÜNSTLER.
WIR HABEN GENUG GESEHEN.
ABER ...
ZIEH NICHT VOREILIGE SCHLÜSSE WIE DIESE MÄNNER. MANCHMAL BRAUCHEN KÜNSTLER EINEN FUNKEN, UM IHR POTENZIAL ZU ENTFACHEN.

KRAAAOOOM
ICH MEINTE DAS NICHT UNBEDINGT WÖRTLICH, ABER IMMERHIN SIND WIR IM RICHTIGEN LAND.

WO SIND WIR?
IN ITALIEN, 1928. HIER FINDET ER, WAS ER SUCHT. VOR ALLEM NATUR. ABER NOCH VIEL MEHR ALS DAS.
ZUM ERSTEN MAL WAR ER 1921 MIT SEINEN ELTERN IN ITALIEN. ABER DAMALS HINTERLIESS DIE LIGURISCHE KÜSTE WOHL KEINEN GROSSEN EINDRUCK.

DAS ÄNDERT SICH, ALS ER 1922 ALLEIN ZURÜCKKEHRT, AUF SEINER »GRAND TOUR«, ALS ER DIVERSE REGIONEN IN NORD- UND MITTELITALIEN BESUCHT.
LIEBE AUF DEN ERSTEN BLICK!
ALLERDINGS. DIESE PERSPEKTIVEN SIND ...
... TRAUMHAFT! WELCH HERRLICHE STADT! ICH MUSS MICH BEI DER DAME AUS DER PENSION »ALESSANDRA« FÜR DEN TIPP BEDANKEN, WENN ICH WIEDER ZURÜCK BIN.
WELCHE ANDERE ORTSCHAFT HAT SIE MIR NOCH EMPFOHLEN? ES FING MIT A AN ...
ICH GLAUBE, ER MEINT ...

ATRANI! WAS FÜR EINE AUSSICHT!
WIE LANGWEILIG. ICH WILL SEINE ZEICHNUNGEN, SEINE WERKE SEHEN!
NICHT SO UNGEDULDIG, MAUK. ERKENNST DU NICHT DIE SCHÖNHEIT ALL DESSEN?
OHNE DIE REISE NACH ITALIEN HÄTTE ER SEINE WERKE NIEMALS GESCHAFFEN. UND ER HÄTTE *SIE* NICHT GETROFFEN ...

SIND SIE MALER?
NUN JA ... FAST. ICH BIN GRAFIKER.
JETTA UMIKER. FREUT MICH SEHR. ICH ZEICHNE AUCH GERNE, WISSEN SIE? ICH WÜRDE MICH FREUEN, MIR IHRE SKIZZEN ANSEHEN ZU DÜRFEN ... WENN SIE GESTATTEN?
SICHER.
DIE HIER HABE ICH KÜRZLICH IN DER TOSKANA ANGEFERTIGT. IN SIENA HATTE ICH EINE ERSTE KLEINE AUSSTELLUNG VON HOLZSCHNITTEN TOSKANISCHER LANDSCHAFTEN.
EINE AUSSTELLUNG? WIESO HAST DU MIR DIE NICHT GEZEIGT? DIE SOLLTE ICH DOCH SEHEN?!

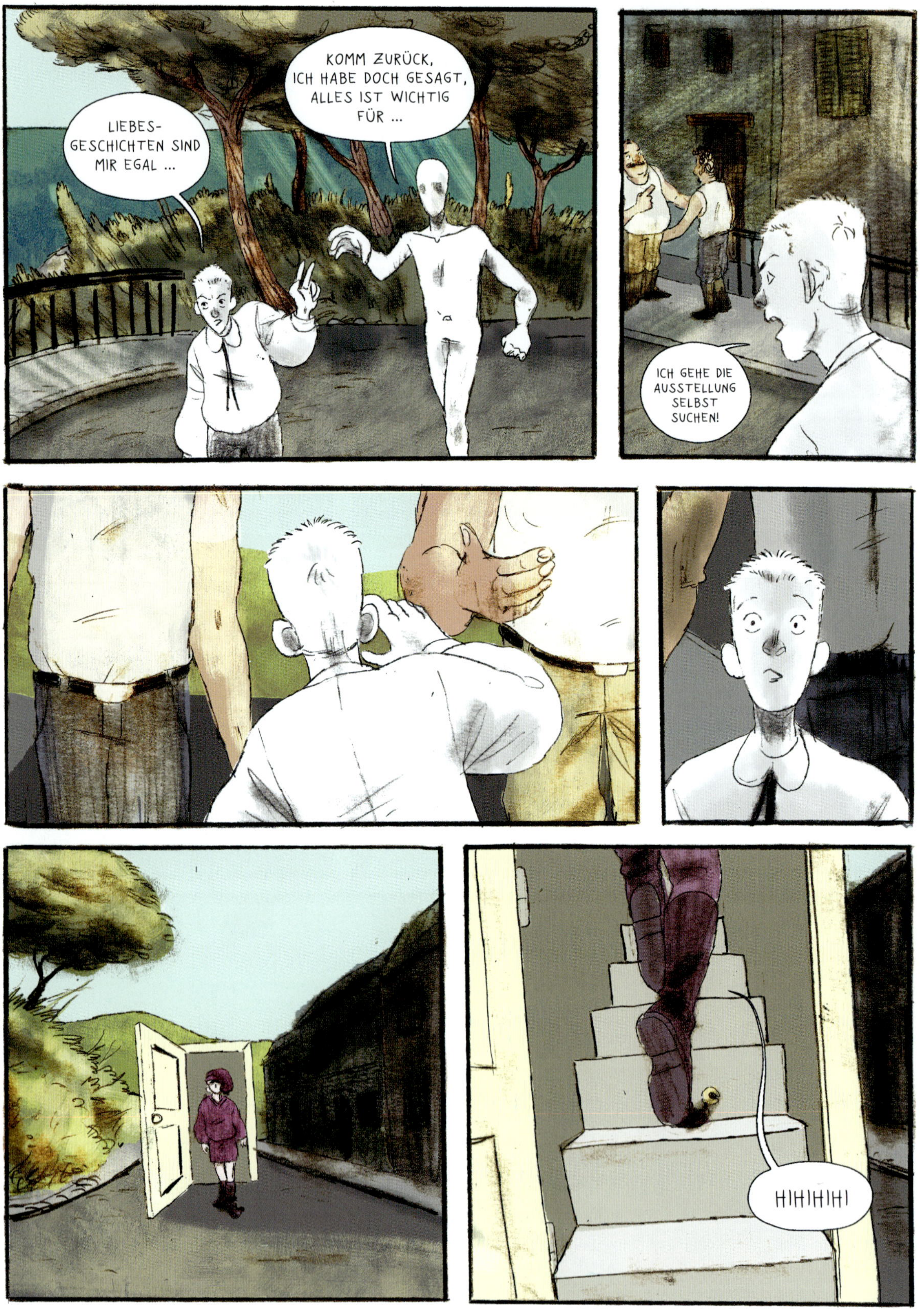
LIEBES-GESCHICHTEN SIND MIR EGAL ...
KOMM ZURÜCK, ICH HABE DOCH GESAGT, ALLES IST WICHTIG FÜR ...
ICH GEHE DIE AUSSTELLUNG SELBST SUCHEN!
HIHIHIHI

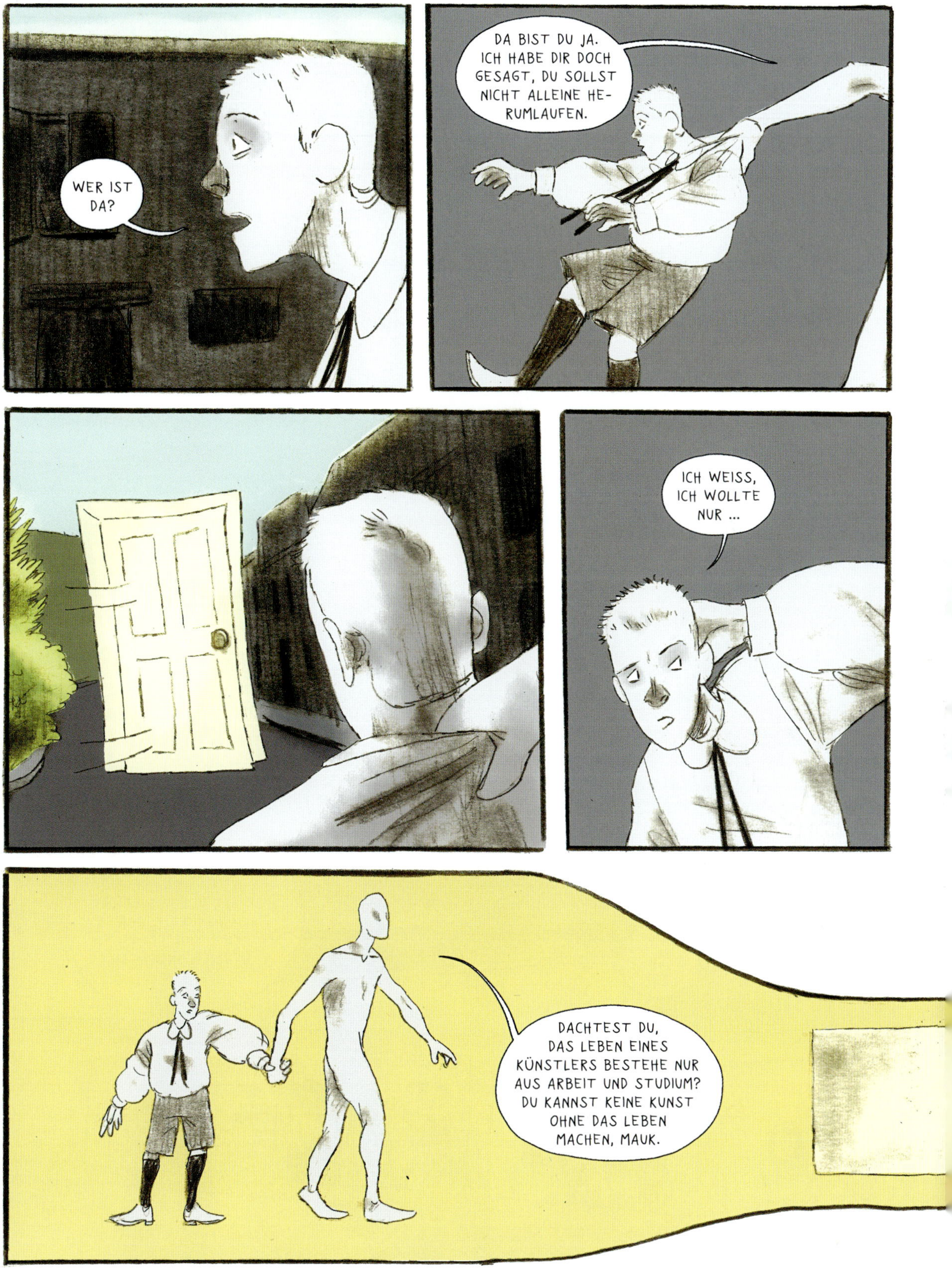
WER IST DA?
DA BIST DU JA. ICH HABE DIR DOCH GESAGT, DU SOLLST NICHT ALLEINE HE-RUMLAUFEN.
ICH WEISS, ICH WOLLTE NUR ...
DACHTEST DU, DAS LEBEN EINES KÜNSTLERS BESTEHE NUR AUS ARBEIT UND STUDIUM? DU KANNST KEINE KUNST OHNE DAS LEBEN MACHEN, MAUK.

MIT 26 HEIRATETE ER JETTA, IN VIAREGGIO. SIE IST DER AUSGLEICH ZUR EINSAMKEIT, DEN ER BRAUCHT. EINE GEFÄHRTIN IN EINEM UNSTETEN LEBEN.
VERSTEHST DU?
NACH IHRER HOCHZEIT ZIEHEN SIE NACH FRASCAT IN DER NÄHE VON ROM. UN DANN NACH ROM.

ROMA
FRASCATI
GUT, ABER WAS IST MIT SEINER ARBEIT?
ES WIRD LEIDER EINE WEILE DAUERN, BIS SIE GEWÜRDIGT WIRD, TROTZ SEINER AUSDAUER UND DEN AUSSTELLUNGEN, DIE ER ORGANISIERT HAT.
SO SEI ES!
DARF ICH JETZT EINE SEHEN? BITTE. HOCHZEIT, LIEBE, LEBEN ... ICH VERSTEHE SCHON, ABER DENNOCH.

DIE ERSTE AUSSTELLUNG IN SEINER HEIMAT. WIR SIND IN DEN HAAG, NIEDERLANDE.
OH, ER IST AUCH NIEDERLÄNDER!?
JA, SAGTE ICH DAS NICHT? DA IST ER!
INTERESSANT, DIESE TOSKANISCHEN PERSPEKTIVEN. TIEFSCHWARZ, DIE GEOMETRIE DER RÄUME.
D...DANKE.
ABER WARUM SO WENIGE MENSCHEN? AUF ALL DIESEN BILDERN KEINE EINZIGE PERSON ...?
NUN, ICH EMPFINDE DIE WELT AN SICH ALS SCHÖN, STRUKTURIERT, HARMONISCH. DIE MENSCHHEIT DAGEGEN ... DA HABE ICH WENIG HOFFNUNG.
WENN DU SO WEITERMACHST, WIRD NIEMAND MEHR KOMMEN UND KEINER DEINE DRUCKE KAUFEN.
VIELLEICHT.
ETWAS PESSIMISTISCH, JEDOCH INSGESAMT ...!

ABER JETTA, DU KENNST MICH. ICH SUCHE NACH DER NATÜRLICHEN ORDNUNG DER DINGE. WIE EINFACH ES DOCH WÄRE, OHNE DIE VERWIRRUNG UND AUFDRING-LICHKEIT DER MENSCHEN ...
ICH WEISS, LIEBLING. DER NÄCHSTE WIRD ETWAS KAUFEN.
ICH WÜNSCHTE, ICH KÖNNTE EINEN DRUCK KAUFEN. SIE SIND WUNDER-SCHÖN.
DIE DRUCKE SELBST SIND NICHT SO WICHTIG.
ICH ZEIGE DIR ETWAS, DAS NOCH NIE JEMAND GESEHEN HAT. DAS, WAS ...
... DAHINTER-STECKT!
SCHNELL, MAUK. FOLGE MIR!

HALTE IHN KURZ, WÄHREND ICH MEINE SACHEN HOLE.
WAS? ABER ICH ...
OH, MEIN KLEINER GEORGE.
SCHÖN, DAS NEUE HAUS, ODER? DU BEKOMMST DEIN EIGENES ZIMMER, SCHAU!
UND DAS WIRD MEIN ATELIER. MEIN RÜCKZUGSORT. WENN DEIN PAPA RUHE ZUM ZEICHNEN BRAUCHT, KANN ER HIERHERKOMMEN, WÄHREND DU UNTEN SPIELST.
HIER SEID IHR! DEINE ELTERN HABEN GELD GESCHICKT. WAS WÜRDEN WIR OHNE SIE UND MEINE ELTERN NUR MACHEN.
JA. WIR SOLLTEN DEINEN FREUND JOHANNES ZUM ABENDESSEN EINLADEN, UM UNS FÜR SEINE HILFE ZU BEDANKEN.
DIE AUSSTELLUNG IM PALAZZO VENEZIA LIEF GUT, ODER?

HIER WAREN WIR SCHON! ABER ES IST NICHT DAS HAUS IN FRASCATI!
WIESO SIND WIR WIEDER HIER? ICH DACHTE, WIR MACHEN MIT SEINEN ARBEITEN WEITER ...
NEIN, ES IST DAS IN ROM. SIE SIND HIER VOR KURZEM HINGEZOGEN.
DU FINDEST DAS LANGWEILG, MAUK?
DER UMZUG NACH ROM IST SEHR WICHTIG FÜR IHN. HIER TRIFFT ER JOHANNES HOOGEWERFF, DIREKTOR DES NEDERLANDS INSTITUUT TE ROME, DER IHN IN DIE LOKALE KUNST-SZENE EINFÜHRT. DIE GRUPPO ROMANO INCISORI ARTISTI ORGANISIERT FÜR IHN 1926 EINE RECHT ERFOLGREICHE AUSSTEL-LUNG IM PALAZZO VENEZIA.
UND DANN DER EINFLUSS DES ITALIENISCHEN FUTURISMUS, BESONDERS DIE WAHL DER VOGEL-PERSPEKTIVE, DIE ER OFT FÜR SEINE KALABRISCHEN LANDSCHAF-TEN VERWENDET.
WENN DU BEI MIR BLEIBST, ZEIGE ICH SIE DIR. OKAY?
MAUK ...?
MAUK? WO BIST DU?

ENDLICH HABE ICH IHN ABGEHÄNGT. ICH GEHE ALLEINE WEITER. ICH BRAUCHE KEINEN ... »GUIDE«.
UM MICH ZU LANGWEILEN, HÄTTE ICH IN DER SCHULE BLEIBEN KÖNNEN.
IRGENDWAS INTERESSANTES IM LEBEN EINES KÜNSTLERS MUSS ES JA WOHL GEBEN.
HIHIHI
HIHIHI

WARTE, WER BIST DU? WIESO FOLGST DU MIR? KOMM HER!

POTZ BLITZ!
WAS IST DENN
DAS?

BOOOOMM

OH NEIN! NEIN!
BOOOOOMM
EIN GANG!
LAUF, LAUF, LAUF!

KEUCH!
KEUCH!
KEUCH!
ENDLICH IN SICHERHEIT ...
SCROMM
FINDE DIE JUDEN! FINDE DIE JUDEN!
ABER WAS ...?
SBROOM

PROFESSOR DE MESQUITA!
ICH HABE DIE JUDEN GE-FUNDEN!
STOPP! WAS MACHT IHR DA? LASST SIE IN RUHE, BITTE!
GUIDE! WO BIST DU? TU DOCH WAS!
CRACCKKK

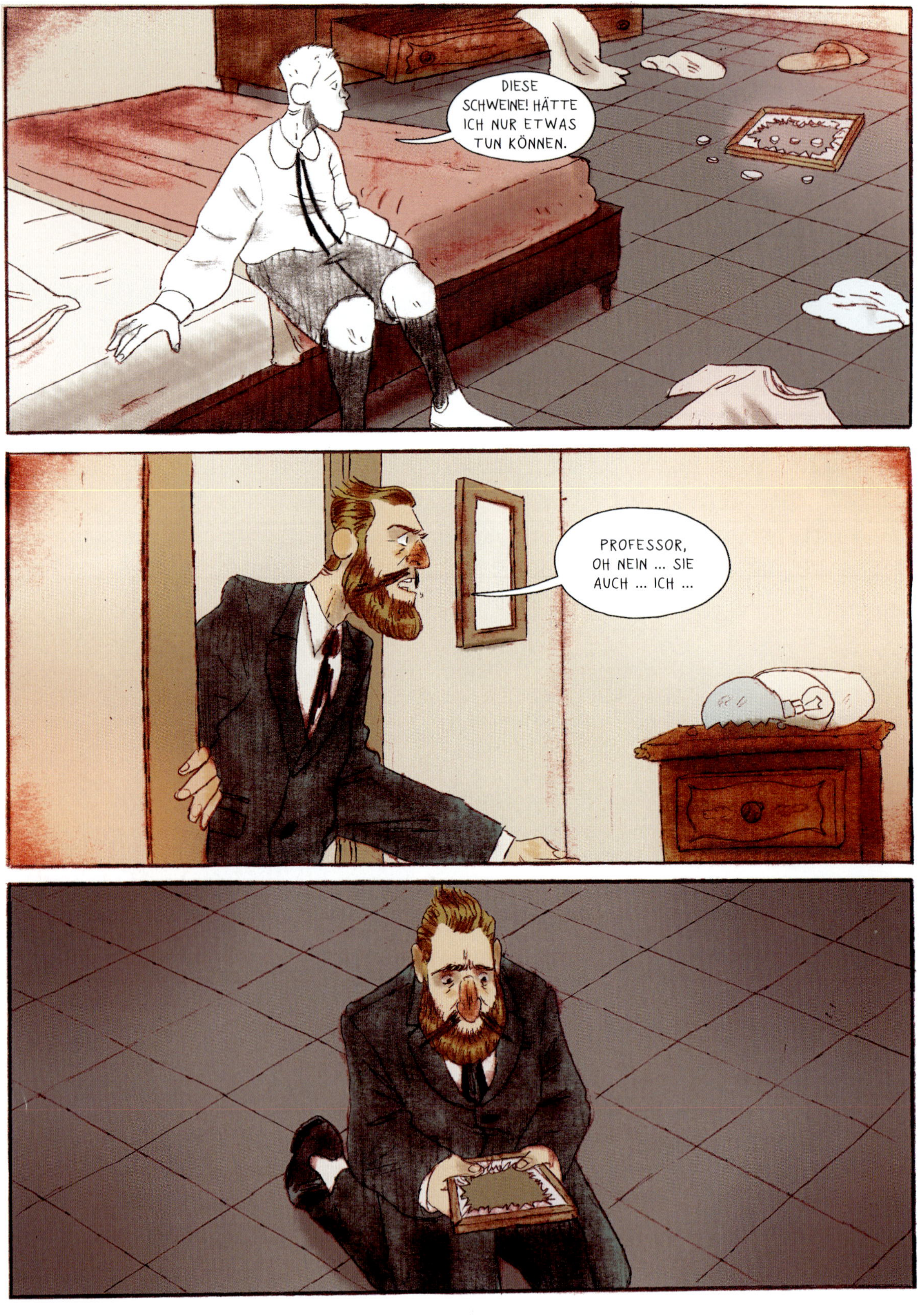
DIESE SCHWEINE! HÄTTE ICH NUR ETWAS TUN KÖNNEN.
PROFESSOR, OH NEIN ... SIE AUCH ... ICH ...

WAS IST DAS SCHON WIEDER?

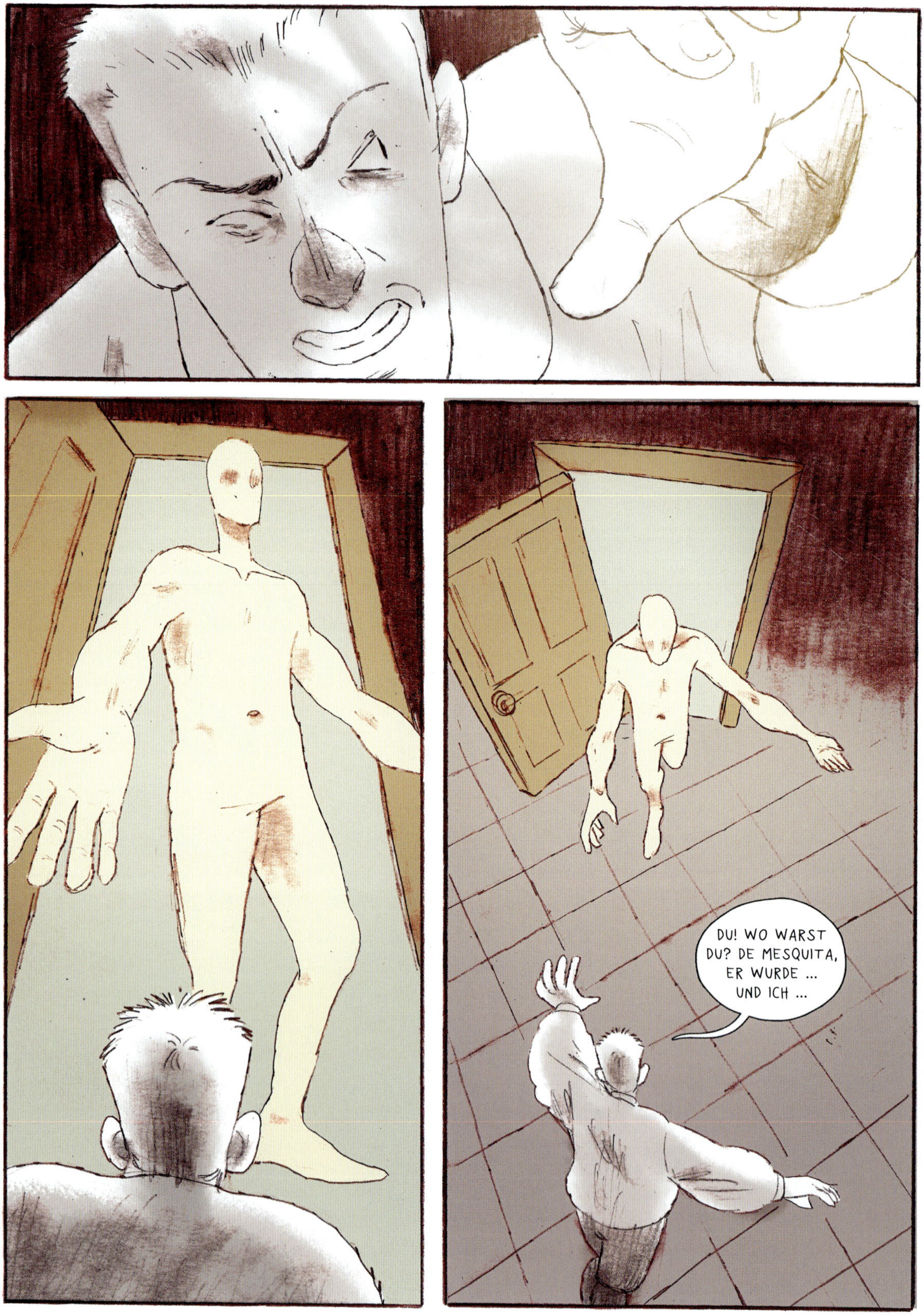
DU! WO WARST DU? DE MESQUITA, ER WURDE ... UND ICH ...

ES TUT MIR LEID, DASS DU ALL DAS SEHEN MUSSTEST. ABER ICH HABE DIR GESAGT, DU SOLLST BEI MIR BLEIBEN.
ALS WÄRE DAS JETZT MEIN FEHLER GEWESEN!
WARUM HAST DU DEN PROFESSOR NICHT BESCHÜTZT?
WIR KÖNNEN IN DIE REALITÄT NICHT EINGREIFEN, MAUK.
WARUM HABEN DIE IHM WEHGETAN?
FÜR DAS BÖSE GIBT ES MANCHMAL KEINE ERKLÄRUNG, MAUK.

ABER WIR KÖNNEN EINE BALANCE SCHAF-FEN UND GEGEN-STEUERN.
FÜR UNSEREN KÜNSTLER IST DER KONTRAST ESSENZIELL. SEINE WELTSICHT IST DUALISTISCH. OHNE LEERE GÄBE ES KEINE MATERIE UND UMGEKEHRT, OHNE CHAOS KEINE STRUKTUR.
WO ES ALSO DAS BÖSE GIBT, MUSS ES AUCH DAS GUTE GEBEN. WO SCHWARZ, DA WEISS. MAN MUSS DIE BALANCE FINDEN.
WENN AM ANFANG CHAOS IST, WIRD AM ENDE IMMER EINFACHHEIT STEHEN, WIE ER ES SAGT.

BLEIB AB JETZT IN MEINER NÄHE, OKAY?
VERSPROCHEN.
HAT DE MESQUITA ÜBERLEBT?
TEILE SEINES WERKES JA. UNSER KÜNSTLER HAT ES GESCHAFFT, ÜBER 450 VON DESSEN ARBEITEN ZU RETTEN, UND NACH 1945 ÜBERLIESS ER SIE NIEDER-LÄNDISCHEN MUSEEN FÜR AUSSTELLUNGEN.
BESUCHEN WIR DIESE AUS-STELLUNGEN?
NEIN. ABER WIR GEHEN ZU EINEM ORT, AN DEM JEDER KÜNSTLER VORBEI MUSS.
NACH ALL DIESEN AUSSAGEN ÜBER SCHWARZ UND WEISS ... BRINGE ICH DICH ZU GRAU.
WAS IST DAS NUN SCHON WIEDER? EINE KREUZUNG?
NEIN, MAUK. DAS IST DAS GRAU.

DAS HIER?
IN ETWA. DAS IST CHÂTEAU-D'OEX IN DER SCHWEIZ. HIERHER ZIEHT ER MIT SEINER FRAU UND SEINEN SÖHNEN GEORGE UND ARTHUR NACH DEN ENTWICKLUNGEN IN ITALIEN.
UND WIE DU SIEHST, IST ES …
PUH, WIE LANG-WEILIG!

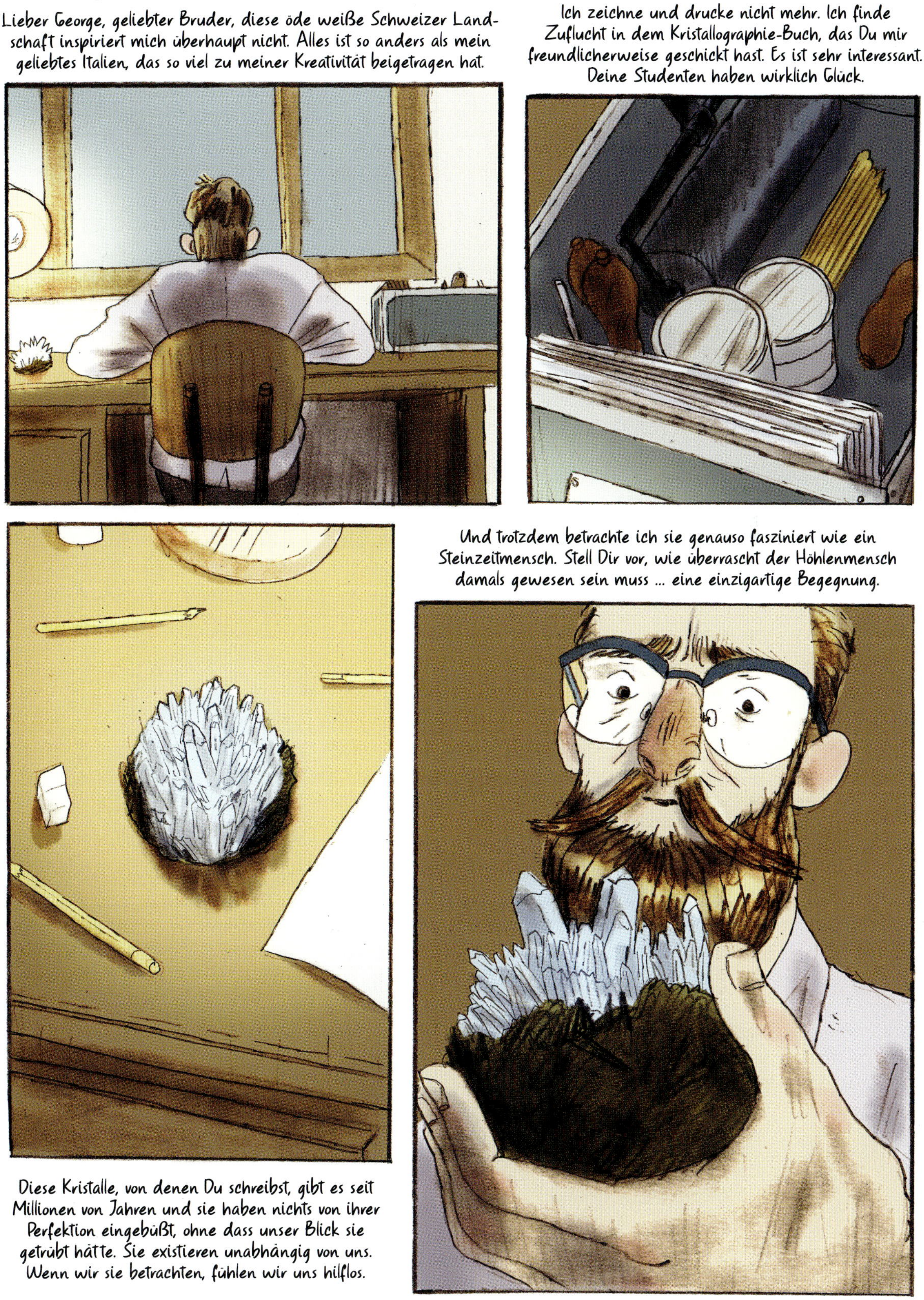
Lieber George, geliebter Bruder, diese öde weiße Schweizer Landschaft inspiriert mich überhaupt nicht. Alles ist so anders als mein geliebtes Italien, das so viel zu meiner Kreativität beigetragen hat.
Ich zeichne und drucke nicht mehr. Ich finde Zuflucht in dem Kristallographie-Buch, das Du mir freundlicherweise geschickt hast. Es ist sehr interessant. Deine Studenten haben wirklich Glück.
Und trotzdem betrachte ich sie genauso fasziniert wie ein Steinzeitmensch. Stell Dir vor, wie überrascht der Höhlenmensch damals gewesen sein muss ... eine einzigartige Begegnung.
Diese Kristalle, von denen Du schreibst, gibt es seit Millionen von Jahren und sie haben nichts von ihrer Perfektion eingebüßt, ohne dass unser Blick sie getrübt hätte. Sie existieren unabhängig von uns. Wenn wir sie betrachten, fühlen wir uns hilflos.

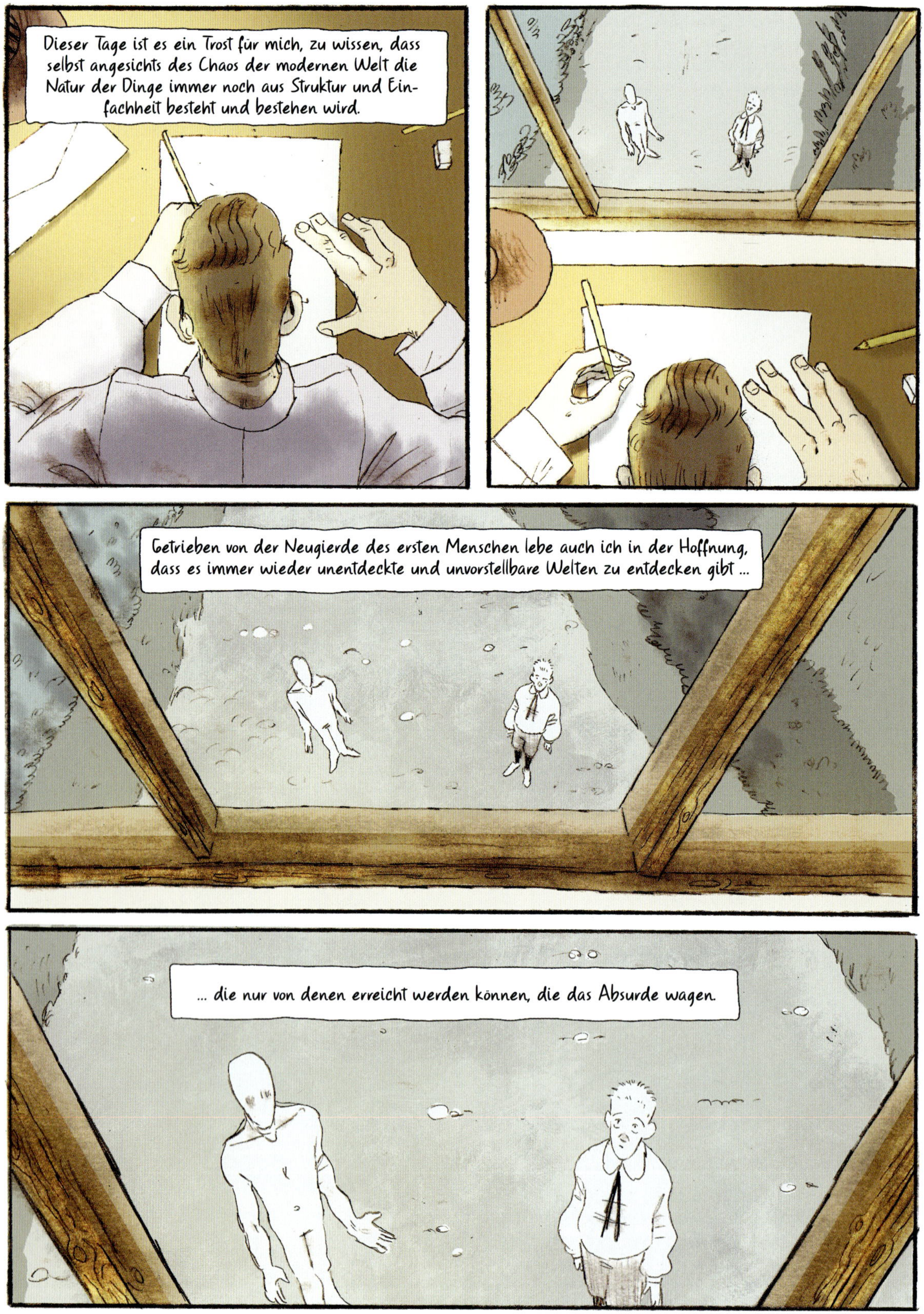
Dieser Tage ist es ein Trost für mich, zu wissen, dass selbst angesichts des Chaos der modernen Welt die Natur der Dinge immer noch aus Struktur und Einfachheit besteht und bestehen wird.
Getrieben von der Neugierde des ersten Menschen lebe auch ich in der Hoffnung, dass es immer wieder unentdeckte und unvorstellbare Welten zu entdecken gibt …
… die nur von denen erreicht werden können, die das Absurde wagen.

NACH ALL DER LIEBE, DIE ER IN ITALIEN GEFUNDEN HATTE, ALL DER SCHÖNHEIT UND INSPIRATION, ERLEBTE ER NUN LANGEWEILE UND OBERFLÄCHLICHKEIT. IN GEWISSER WEISE SEINE »GRAUE PHASE«.
DU HAST RECHT, MAUK. ABER GRAU IST FÜR IHN AUCH DER ORT, AN DEM GEGENSÄTZE ENTSTEHEN.
IM GRAU KANN KUNST ERBLÜHEN WIE EINE BLUME.
ES IST NICHT VERWUNDERLICH, DASS IHM IN GENAU DIESER PHASE DIE IDEE KAM, AN EINEN FÜR IHN SEHR WICHTIGEN ORT ZURÜCKZUKEHREN ...
NACH ITALIEN?
OH NEIN. ER MUSSTE NACH SPANIEN GEHEN, UM DAS GRAU DORT EIN FÜR ALLE MAL ZU ENTSCHLÜSSELN.
UM EINE ECHTE VERWANDLUNG ZU DURCHLAUFEN.
GEHEN WIR!

SOGAR NOCH SCHÖNER ALS DAS ERSTE MAL, DA ICH SIE GESEHEN HABE!
ALS ICH DAS ERSTE MAL MIT ANFANG 20 HIERHERKAM, KONNTE ICH IHRE KRAFT NICHT ERKENNEN. TROTZDEM HABE ICH SIE IN ALL DEN JAHREN NICHT VERGESSEN, HABE MICH VON IHNEN UNBEWUSST BEEINFLUSSEN LASSEN.
SCHAU DIR DIESE MUSTER AN ... SIE ZEIGEN DIE GANZE WELT ... MEINE WELT. DANACH HABE ICH DIE GANZE ZEIT GESUCHT.
VERSTEHST DU? ICH MUSSTE HIERHER ZURÜCKKOMMEN.

OH, JETTA! IN DER SCHWEIZ MUSSTEST DU MEIN STÄNDIGES GEMECKER ERTRAGEN ... ABER ICH VERSTEHE ERST JETZT, DASS DIE ZEIT DORT MIR EINE NEUE AUFGABE GEGEBEN HAT. DIE SICHT-BARMACHUNG ...
... ALL DER NEUEN WELTEN, DIE NUR ENTDECKT WERDEN MÜSSEN.
MULTIPLIKATION UND VEREINFACHUNG SIND DER SCHLÜSSEL ZU DIESEN WELTEN. SO VERSCHWINDEN GEGEN-SÄTZE: VEREWIGT MAN DIE GEOMETRIE, ERREICHT MAN DIE FINALE STRUKTUR.
JETZT VERSTEHE ICH UMSO MEHR DIE KRISTALLOGRAPHIE.
ALHAMBRA
MAJOLICA
24-5-36
DAS HIER ERINNERT MICH AN DIE FLIESEN DES HAUSES, WIE SCHWARZ UND WEISS.
GENAU, MAUK! DAS KONZEPT IST DASSELBE.

KOMM NÄHER, MAUK. SCHAU. ICH ERKLÄRE ES DIR.
NOCH NÄHER. KEINE ANGST!
KEINE SORGE, BALD WIRST AUCH DU DICH VERWANDELN. SO FUNKTIONIEREN DIE DINGE HIER.
MOMENT! WO SIND WIR? WIESO BIN ICH EINE SCHACH-FIGUR?
WIR SIND IN EINER SEINER *METAMORPHOSEN*, DER *NUMMER 3*. EIN DRUCK VON ÜBER 6 METERN LÄNGE, IN DEM SICH ALLES VERWANDELT, UM AM ENDE WIEDER IM GRAU ZU LANDEN ODER SICH ERNEUT ZU WANDELN.
DIESE HÄUSER WIRKEN SO ... ITALIENISCH.

DAS STIMMT. NACHDEM ER DIE MAJOLIKA DER ALHAMBRA GESEHEN HATTE, MACHTE ALLES PLÖTZLICH SINN.
ALLE PHASEN SEINER KÜNSTLERISCHEN ARBEIT BEGANNEN INEINANDERZUGREIFEN. DIE ITALIENISCHEN LAND-SCHAFTEN ...
... UND DIE GEOMETRIE, DIE MAJOLIKA.
UND DIE REGEL-MÄSSIGE AUFTEI-LUNG DES RAUMS. DIE KREISLÄUFE ...
... UND DIE METAMOR-PHOSEN.
DIE SUCHE NACH DER UNEND-LICHKEIT, DIE RÜCK-KEHR ZUM GRAU, WO DAS »DAVOR« VERSCHMILZT MIT DEM ...

... »DANACH«.
WIR SCHREIBEN DAS JAHR 1938. NACH DER ALHAMBRA ENTSCHEIDET ER SICH GEGEN EINE RÜCKKEHR IN DIE SCHWEIZ.
ER ZIEHT MIT SEINER FAMILIE NACH BELGIEN, BEGINNT WIEDER MIT DEM ZEICHNEN.
ARTHUR! GEORGE!
KOMMT MIT, WIR WICKELN JAN. EUER VATER BRAUCHT RUHE BEI DER ARBEIT.

ABER NEIN, GANZ IM GEGEN-TEIL ... DURCH EUCH HABE ICH EINE NEUE IDEE.

IHR BEIDE SEID SO UNTERSCHIED-LICH ... UND GLEICH-ZEITIG DOCH SO ÄHNLICH.
ICH SEHE EUCH TAG FÜR TAG WACHSEN, ABER EURE METAMORPHOSE FÄLLT MIR NICHT BEWUSST AUF, GENAU WIE WIR DEN WECHSEL VON TAG UND NACHT BEOBACH-TEN, OHNE IHN WIRKLICH WAHRZUNEHMEN.

IHR HABT DEN GLEICHEN URSPRUNG UND STREBT DOCH NACH UNABHÄNGIGKEIT. ABER OHNE DEN EINEN GÄHBE ES DEN ANDEREN NICHT. ENTGEGENGESETZT, WANDELBAR, DIE PERFEKTE SCHNITTMENGE ...
DER LANGSAME FLUSS – UND DAMIT DER WANDEL – DES LEBENS SEID IHR, MEINE KINDER.

UNGLAUBLICH! SO VIELE INSPIRATIONEN! BITTE, ZEIG MIR MEHR!
GANZ RUHIG, MAUK, HAB EIN BISSCHEN GEDULD ...
HA HA HA, DAS WAR NUR EIN WITZ, DU MUSST NICHT SO BELEI- DIGT SCHAUEN.
KEINE SORGE, WIR HABEN ZEIT! DIE METAMORPHOSE WIRD IMMER EIN ZENTRALES THEMA SEINER ARBEITEN BLEIBEN. GENAU WIE KREISLÄUFE, EIN BISSCHEN SO WIE DAS LEBEN ODER LEIDER AUCH DIE ZEIT- GESCHICHTE.
WARUM LEIDER?
NUN JA, DIE ZEIT, IN DER ER LEBT, IST KEINE BESONDERS GUTE. EIN KRIEG, DANN EIN ZWEITER, DER HASS.
MEINST DU DAS, WAS ICH VORHIN GESEHEN HABE?

JA, DAS PARADOXE DES KRIEGES IST, DASS ER STRUKTUR SCHAFFEN WILL, INDEM ER NOCH MEHR CHAOS ANRICHTET ...
... ABER NICHT DIE STRUKTUR UND DAS CHAOS, DIE WIR IN DER NATUR DER DINGE FINDEN.
WAS MEINST DU DAMIT?
EIN ZUGFAHR-PLAN BESCHREIBT EINE KÜNSTLICH GESCHAFFENE ORDNUNG, EINEN ERZWUNGE-NEN RAHMEN. UND FESTE RAH-MEN HABEN IM HERZEN EI-NES KÜNSTLERS KEINEN PLATZ.
WARUM SOLLTE ICH DANN VORHIN NICHT WEGLAUFEN? WENN EIN KÜNSTLER DOCH SEINEN EIGENEN WEG GEHEN SOLL?
EIN KÜNSTLER MUSS LERNEN, FESTE REGELN VON RATSCHLÄGEN ZU UNTERSCHEIDEN.
ICH BRINGE DICH AN DEN ORT EINER WEITEREN METAMORPHOSE.

LASS UNS EIN LETZTES MAL NACH ROM ZURÜCKKEHREN, INS JAHR 1935.
WAS ZUM TEUFEL ...?
SCHAU MAL, DIE SCHÖNE NEUE UNIFORM, DIE WIR IN DER SCHULE BEKOMMEN HABEN. JETZT BIN ICH EIN ECHTER KLEINER BALILLA.
NICHT ZU FASSEN! DAS BRINGT DAS FASS ZUM ÜBER-LAUFEN! MEIN SOHN IN DER UNIFORM EINES ...
... FASCHISTEN!

ENTSCHULDIGE, GEORGE. ICH BIN NICHT WÜTEND AUF DICH. DICH TRIFFT KEINE SCHULD, SONDERN DIEJENIGEN, DIE DIR DIE UNIFORM GEGEBEN HABEN. KINDER SOLLTEN SO ETWAS NICHT TRAGEN …
ABER DIE ANDEREN IN DER SCHULE …
DU BIST ABER NICHT DIE ANDEREN. ICH KAUFE DIR EINE SCHÖNERE, VERSPROCHEN.

WO IST HIER DIE METAMORPHOSE?
DU HAST SIE GERADE GESEHEN.
ES GEHT UM DIE BEWUSSTWERDUNG UND DIE ÄNDERUNG DES BLICKWINKELS, DIE SEIN LEBEN VERÄNDERN.
WAS IST HIER LOS? GEORGE, IST DEINE UNIFORM ETWA WIEDER SCHMUTZIG?
OH, NICHTS SCHLIMMES. ABER ICH DENKE, ES IST AN DER ZEIT, ROM ZU VERLASSEN.

WIR WOLLEN DOCH KEIN SCHWARZER FLECK IN EINEM MEER AUS TINTE WERDEN, ODER, GEORGE?
ABER MACHT ES MANCHMAL NICHT EINSAM, ANDERS SEIN ZU WOLLEN?
BIST DU EINSAM?
MANCHMAL JA. SCHEINBAR VERSTEHEN NICHT ALLE MEINE »SPRACHE«. ICH FINDE ES MANCHMAL NICHT LEICHT, MICH VERSTÄNDLICH ZU MACHEN.
DAS RISIKO, MISSVERSTANDEN ZU WERDEN, IST TEIL DES KÜNSTLERDASEINS. WÄRE SONST NICHT ALLE KUNST GLEICH?
ALLE KÜNSTLER KOMMEN IN GEWISSER WEISE AUS EINER »ANDEREN WELT«.

WO SIND WIR DENN JETZT?
NUN, IN EINER DIESER »ANDEREN WELTEN«, AN EINEM DIESER UNMÖGLICHEN ORTE IN SEINEM KOPF.

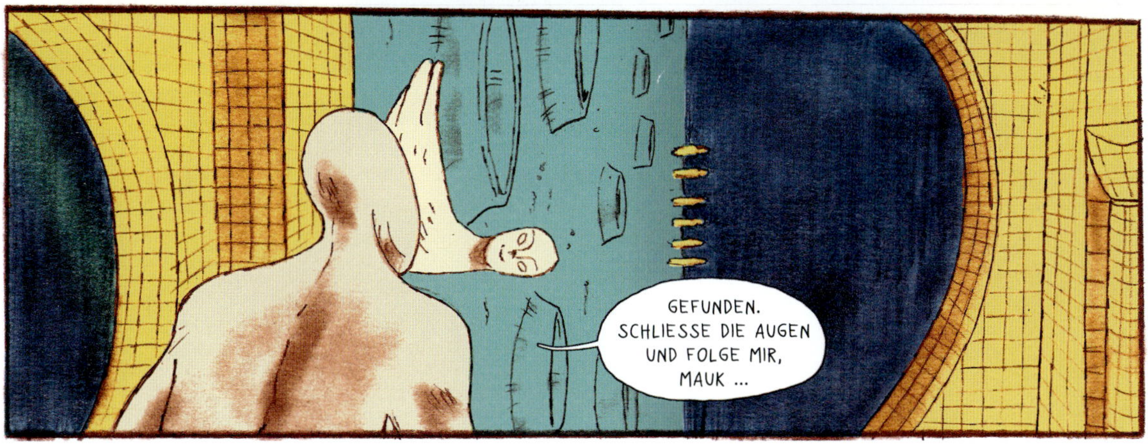
GEFUNDEN. SCHLIESSE DIE AUGEN UND FOLGE MIR, MAUK ...

AUF GEHT'S. WIR HABEN KEINE ZEIT ZU VERLIEREN.
WER SIND DIESE LEUTE? KÜNSTLER?
NUN, NICHT NUR.

ICH FREUE MICH, DASS IHR HIER SEID. KAMT IHR BEI EURER DISKUSSION ZU EINEM ERGEBNIS? WER MÖCHTE ETWAS SAGEN?
PROFESSOR COXETER?
ODER ZUERST PROFESSORIN MACGILLAVRY?
WOLLEN SIE ETWAS SAGEN, HERR EIN-STEIN?
NICHT SO SCHÜCHTERN, PIRANESI.
KANN ICH AUF SIE ZÄHLEN, DALI?
DRÄNG SIE NICHT. ICH FANGE AN, OKAY?

CECI N'EST PAS ... WIE ICH GERNE SAGE. FÜR MICH IST ER WEDER KÜNSTLER NOCH MATHEMATIKER. ICH WEISS ES NICHT.
TEILWEISE SIND SICH UNSERE IDEEN ÄHNLICH, DAS STIMMT. LES PROMENADES D'EUCLIDE GLEICHT SEINEM STILLLEBEN MIT SPIEGEL, SEIN BULLAUGE MEINEM L'ÉLOGE DE LA DIALECTIQUE ... KONZEPTUELL GESEHEN NATÜRLICH.
ABER MEINE SURREALISTISCHEN ARBEITEN HEBEN DEN VERSTAND AUF, SEINE STIMULIEREN IHN. ER SCHAFFT GLAUBHAFTE REGELHAFTE UND DOCH UNMÖGLICHE WELTEN, WÄHREND ICH DIE ABSURDITÄT UND DAS IRRATIONALE BETONE
TAP
TAP
DA STIMME ICH NICHT GANZ ZU, AMIGO.

WENN ES DER SINN VON KUNST IST, EIN TOR ZU ANDEREN WELTEN ZU ÖFFNEN – WIE ICH ES MIT DER WELT DER TRÄUME TUE –, DANN GIBT ES NIEMAND BESSEREN ALS IHN.
DESHALB IST ER FÜR MICH EIN *KÜNSTLER*.
ODER NICHT, PIRANESI?
GANZ RICHTIG. WIE MAGRITTE BEREITS BEMERKT HAT, WURDE ER VON ANDEREN KÜNSTLERN BEEINFLUSST. ICH BIN MIR SICHER, DASS MEINE *GEFÄNGNISSE* IHN ZU SEINEM WERK *RELATIVITÄT* INSPIRIERT HABEN ...
HAT DA JEMAND RELATIVITÄT GESAGT?

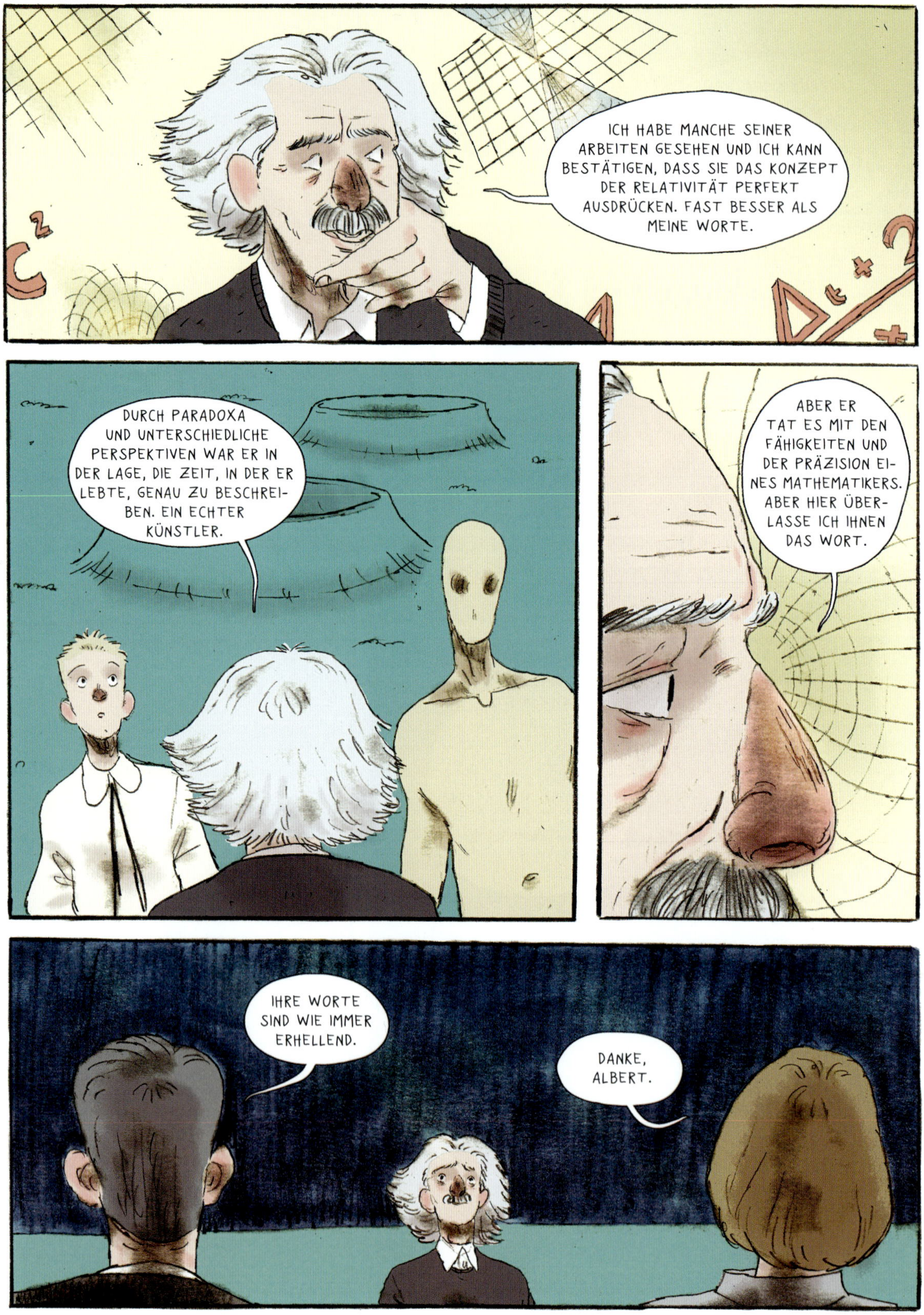
ICH HABE MANCHE SEINER ARBEITEN GESEHEN UND ICH KANN BESTÄTIGEN, DASS SIE DAS KONZEPT DER RELATIVITÄT PERFEKT AUSDRÜCKEN. FAST BESSER ALS MEINE WORTE.
DURCH PARADOXA UND UNTERSCHIEDLICHE PERSPEKTIVEN WAR ER IN DER LAGE, DIE ZEIT, IN DER ER LEBTE, GENAU ZU BESCHREIBEN. EIN ECHTER KÜNSTLER.
ABER ER TAT ES MIT DEN FÄHIGKEITEN UND DER PRÄZISION EINES MATHEMATIKERS. ABER HIER ÜBERLASSE ICH IHNEN DAS WORT.
IHRE WORTE SIND WIE IMMER ERHELLEND.
DANKE, ALBERT.

OHNE SEIN BUCH *GRAPHIK UND ZEICHNUNGEN* AUS DEM JAHR 1954 WÄRE ES FÜR MICH VIEL SCHWERER GEWESEN, MEINEN STUDENTEN DIE KRISTALLOGRAPHIE ZU ERKLÄREN.
SEINE REGELMÄSSIGEN FLÄCHENFÜLLUNGEN SIND AUSGESPROCHEN PRÄZISE UND ÄHNELN DER STRUKTUR VON KRISTALLEN.
ER MAG ES ZWAR LEUGNEN, SAGEN, ER WÜRDE NICHTS VON FORMELN UND THEORIEN VERSTEHEN, ABER FÜR UNS IST ER EIN MATHEMATIKER.
SEINE SERIE »GRENZEN DES KREISES« GREIFT AUF EINE ILLUSTRATION AUS MEINEM BUCH ZURÜCK ...
... NIMMT MANDELBROTS MATHEMATISCHE FORMELN DER FRAKTALE UM JAHRZEHNTE VORWEG. SIE REPRÄSENTIERT WEITERHIN POINCARÉS HYPERBOLISCHEN RAUM.
VIELLEICHT IST ER ETWAS GANZ ANDERES?

NUN JA, ZUERST EINMAL ... NACH DEM, WAS ICH GESEHEN HABE, IST ER VOR ALLEM ...
... VIELES GLEICHZEITIG. IHR HABT *ALLE* RECHT, ER IST EIN KÜNSTLER *UND* EIN MATHEMATIKER ...
... ABER AUCH EIN LEIDENSCHAFTLICHER GRAVEUR.
EIN PRÄZISER GRAFIKER.
UND LETZTEN ENDES WÄRE ER SICHER STOLZ DARAUF, ALS BEGNADETER KUNSTHANDWERKER IN ERINNERUNG ZU BLEIBEN!

BESSER HÄTTEST DU IHN NICHT BESCHREIBEN KÖNNEN.
GUTE INTUITION, CHICO.
DU HAST RECHT, BRAVO!
WENN MICH MEINE ERINNERUNG NICHT TÄUSCHT, HAT ER SICH 1965 SOGAR SELBST SO BESCHRIEBEN, ODER? IN SEINER REDE BEI DER VERLEIHUNG DES HILVERSUM-PREISES.
GUT GESAGT, MAUK!
ABER JETZT …
WAS WAR DAS MIT DEM …
… PREIS?
HIHHIHIHI

HEY! WO SIND WIR? DAS IST NICHT LUSTIG.
MAUK, ICH BIN HIER!

WARUM SIND WIR PLÖTZLICH HIER? ICH HABE DIESES LACHEN GEHÖRT ...
EIN LACHEN? SELTSAM. DAS MUSS EINE STÖRUNG GEWE-SEN SEIN.

SPRICH LEISE, WIR SIND GENAU IN DEM AUGENBLICK, IN DEM ...
ABER WAS ... OH.
MEIN GRÖSSTER WUNSCH WAR ES IMMER, DIR ZU ZEIGEN, DASS MEINE ARBEITEN NICHT BLOSS »TAPETEN« SIND, WIE DU SIE MANCHMAL GENANNT HAST ...

ICH HOFFE, AM ENDE IST ES MIR GELUNGEN. ADIEU, VATER.
SEIN VATER ...
AUCH WENN SIE KEINE EINFACHE BEZIEHUNG HATTEN, VERSUCHTE ER IMMER, DEN ANFORDERUNGEN SEINES VATERS GERECHT ZU WERDEN, AUCH WENN DIESER VON SEINER BERUFUNG NICHT ÜBERZEUGT WAR.
ABER DAS BEDEUTET NICHT, DASS ER IHN NICHT GELIEBT ODER IM LAUFE SEINES LEBENS NICHT IMMER UNTERSTÜTZT HAT.
AUCH MEIN VATER HAT DIE ZUKUNFT FÜR MICH SCHON GEPLANT, UND ICH HABE ANGST, IHN ZU ENTTÄUSCHEN.
MANCHMAL FÜRCHTE ICH, DASS ER MICH NICHT LIEBT. WENN ER MICH LIEBEN WÜRDE, DANN WÜRDE ER MICH DOCH DAS MACHEN LASSEN, WAS ICH WILL. ODER?
DAS WÜRDE ER. ABER VERGISS NIE, DASS DEIN VATER DICH LIEBT UND DAS BESTE FÜR DICH WILL.

WOHER WEISST DU DAS?
NA JA, ICH MEINE ... ICH SAGE DAS, WEIL ...
... VERMUTLICH JEDER VATER SO FÜHLT.
VIELLEICHT.
MEINER IST ANDERS, GLAUB MIR.
GEHEN WIR LIEBER AN EINEN FRÖHLICHEREN ORT UND LASSEN IHN ALLEIN.
JA.
DIESE STÖRUNG VORHIN ... DAS IST SELTSAM. EIN LACHEN. ICH WERDE DAS VERFOLGEN.

PENTEDATTILO, MAI 1930

ZUG FÄHRT AB!

JEDES JAHR EINE REISE. WÄHREND SEINER ZEIT IN ITALIEN WAR ER MIT SEINEN FREUNDEN GIUSEPPE HAAS-TRIVERIO, ROBERT SCHIESS UND – ZUMINDEST IN KALABRIEN – MIT JEAN ROUSSET UNTERWEGS.
MORANO CALABRO
TROPEA
DIE REISE DURCH KALABRIEN IM JAHRE 1930 WAR SICHERLICH DIE ABENTEUERLICHSTE, LUSTIGSTE UND KÜNSTLERISCH PRODUKTIVSTE.
PENTEDATTILO

1926 VITERBO, DIE ABRUZZEN 1927 UND 1929, KORSIKA 1928 UND 1933, DIE AMALFIKÜSTE 1931 UND 1935, DANN MEHRFACH SIZILIEN, 1932, 1935.
TTOLICA
STILO
VOM 28. APRIL BIS ZUM 25. MAI 1930. 1709 KILOMETER MIT DEM ZUG, 213 KILOMETER MIT DEM BUS, 100 KILOMETER ZU FUSS. AUSGABEN PRO PERSON: ETWA 1135 LIRE.
N
E
O
S

ENDLICH, PALIZZI! GEHT ES DIR BESSER, ROBERT?
ICH MUSS MICH NOCH VON DEM VIELEN WEIN ERHOLEN, DEN UNS DIESER MANN KREDENZT HAT.
WIE ER DA ANKAM, HOCH ZU ROSS ... WIE EINE HALLUZINATION! HAST DU FOTOS GEMACHT, GIUSEPPE?
NATÜRLICH. UND DU, JEAN?
ICH HABE AUCH EIN PAAR AUFNAHMEN.
WIR HABEN UNS EINE AUSZEIT VERDIENT.
ALL DIESE ZEITREISEN KÖNNEN SCHLAUCHEND SEIN.

ICH BIN ERSCHÖPFT!
MORGEN SCHAUEN WIR UNS DIE LANDSCHAFT GENAUER AN.
HOFFENTLICH GIBT DIE AUSSICHT GENAUSO VIEL HER WIE DIE LANDSCHAFTEN IN PENTEDATTILO, SCILLA UND TROPEA.
TROPEA – ist das hier also »Ordnung«?
Die Felsen und die Häuser.
Vielleicht habe ich Harmonie entdeckt.
Felsen: George fragen.
Nochmal das gleiche geträumt. Wieso?
Eine Gottesanbeterin.

GÄHN. ES IST VIEL ZU FRÜH.
ABER WIR SIND DOCH AUSSERHALB DER ZEIT …
DU HAST LETZTE NACHT IM SCHLAF GE-REDET.
DER ÜBLICHE TRAUM … DIE SCHLANGE, ABER DIESMAL AUCH EINE GOTTESANBETERIN. ICH WEISS NICHT, WAS ES BEDEUTEN SOLL.
VIELLEICHT BE-SCHÄFTIGT DICH IMMER NOCH DIE GESCHICHTE DER BURG VON PENTE-DATTILO.
WELCHE GESCHICHTE?

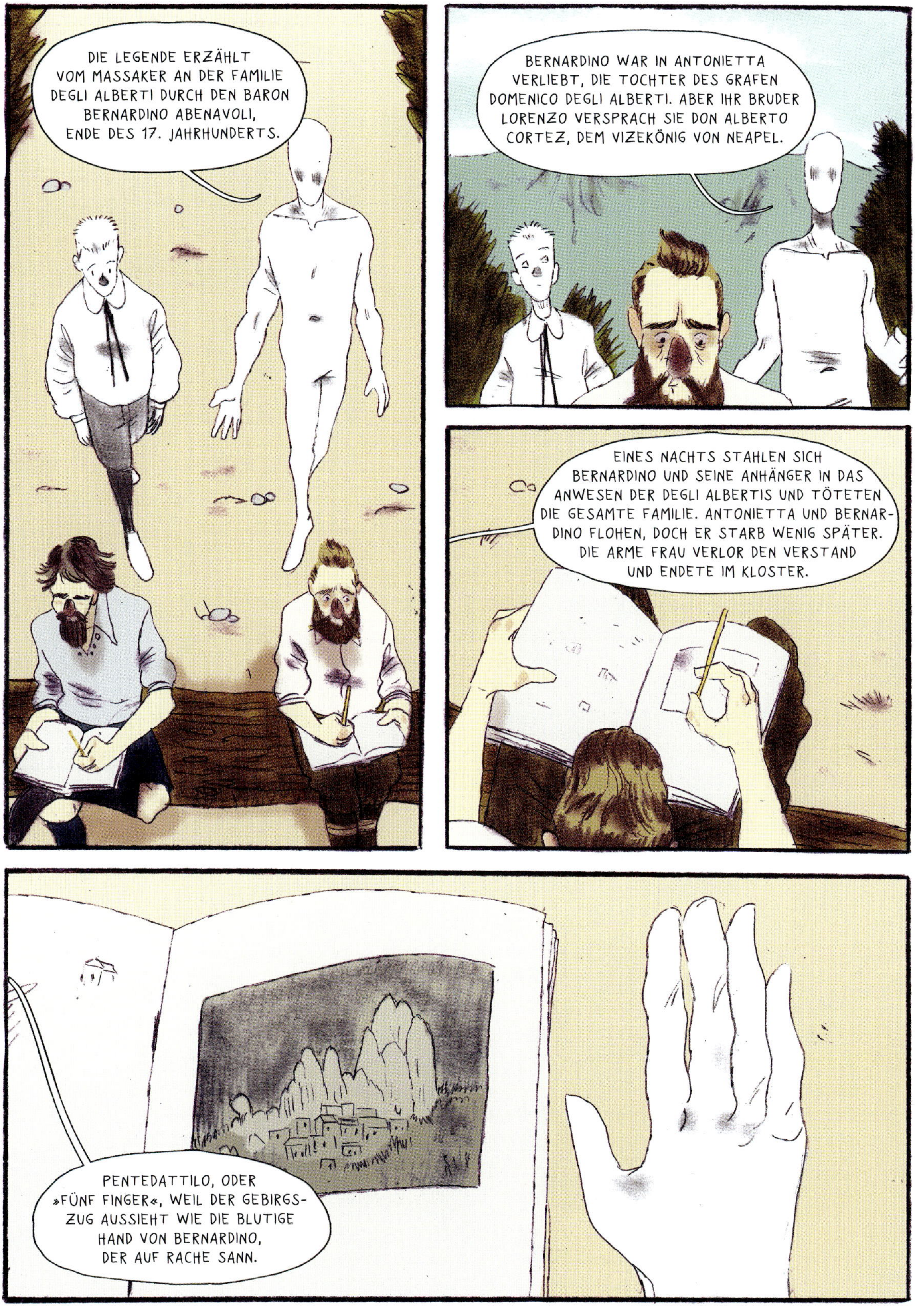
DIE LEGENDE ERZÄHLT VOM MASSAKER AN DER FAMILIE DEGLI ALBERTI DURCH DEN BARON BERNARDINO ABENAVOLI, ENDE DES 17. JAHRHUNDERTS.
BERNARDINO WAR IN ANTONIETTA VERLIEBT, DIE TOCHTER DES GRAFEN DOMENICO DEGLI ALBERTI. ABER IHR BRUDER LORENZO VERSPRACH SIE DON ALBERTO CORTEZ, DEM VIZEKÖNIG VON NEAPEL.
EINES NACHTS STAHLEN SICH BERNARDINO UND SEINE ANHÄNGER IN DAS ANWESEN DER DEGLI ALBERTIS UND TÖTETEN DIE GESAMTE FAMILIE. ANTONIETTA UND BERNARDINO FLOHEN, DOCH ER STARB WENIG SPÄTER. DIE ARME FRAU VERLOR DEN VERSTAND UND ENDETE IM KLOSTER.
PENTEDATTILO, ODER »FÜNF FINGER«, WEIL DER GEBIRGSZUG AUSSIEHT WIE DIE BLUTIGE HAND VON BERNARDINO, DER AUF RACHE SANN.

ACH, DAS SIND DOCH BLOSS LEGENDEN. ABER DIE ATMOSPHÄRE WÄRE GUT FÜR MEINE SKIZZEN ...
STELLT EUCH IN POSE, ICH WILL DEN SELBST-AUSLÖSER AUSPROBIEREN!
SCHAURIGE GESCHICHTE. GUT, DASS ES HELL IST ...
ES SIND DOCH BLOSS GESCHICHTEN, ODER? LOS, WIR STEL-LEN UNS DAZU.

EIN WUNDERBARER TAG. UND WAS FÜR EIN LICHT! WIE WAR ES FÜR EUCH?
ICH BRAUCH JETZT ERST MAL WAS ZWISCHEN DIE ZÄHNE.
LA LOCANDA

WIESO STARREN UNS ALLE SO AN? HABEN WIR WAS FALSCH GEMACHT?
VIELLEICHT SIND SIE FREMDE NICHT GEWÖHNT.
KEINE SORGE, ICH HABE DA EIN MITTEL ...

WELCH EIN ZÜNFTIGER TÄNZER!
TANZ, ROBERT, TANZ!
MEHR WEIN!
DIE NÄCHSTE RUNDE GEHT AUFS HAUS!

WIR DACHTEN ZUERST, IHR SEID *IETTATORI* ... UNGLÜCKSBRINGER ...
IHR SEID NICHT DIE ERSTEN, DIE UNS FÜR ETWAS HALTEN, DAS WIR NICHT SIND.
VOR EINIGEN TAGEN, IN PENTEDATTILO, DACHTE EINE DAME, WIR SEIEN ABGESANDTE MUSSOLINIS, DIE IHM VON DER ARMUT IM SÜDEN BERICHTEN SOLLEN ...
HA HA HA. ER MACHT NUR WITZE. WIR WOLLEN IN UNSEREN WERKEN EINZIG UND ALLEIN DIE SCHÖNHEIT EURES LANDES FEIERN.
APROPOS VERSCHROBENE GESCHICHTEN: IN DEN ABRUZZEN HÄTTEN SIE MICH FAST VERHAFTET.
WIESO?

POLIZISTEN KAMEN IM MORGENGRAUEN ZU MEINER PENSION, UM MICH ABZUHOLEN. SIE SAGTEN, ICH SEI TEIL EINER VERSCHWÖRUNG, UM DEN KÖNIG ZU STÜRZEN, ABER ICH WAR ERST AM VORABEND ANGEKOMMEN UND ...
HILFE!
HIHIHIHI
HAST DU ES AUCH GEHÖRT?
JA, HABE ICH. DAS IST KEIN GUTES ZEICHEN.
ZIEH DAS AN UND KOMM MIT. HOFFENTLICH IST ES NOCH NICHT ZU SPÄT.
FÜR WAS ZU SPÄT?
FÜR DEN KÜNSTLER!

HIHIHIHI!
OH NEIN! ES IST SCHLIMMER, ALS ICH DACHTE ...

WILLKOMMEN!
MIR HATTEN NOCH ZUSCHAUER GEFEHLT!
WAS WILLST DU VON IHM?
VON IHM? WENN MAN MIT DEM UNMÖGLICHEN SPIELT, KANN DAS EIN BÖSES ENDE NEHMEN.
DIESER GAUKLER HAT MICH VON ANFANG AN VER-FOLGT.
WIESO HAST DU MIR NICHTS GESAGT?
KENNST DU IHN?
REDET IHR ÜBER MICH? ÜBER MICH GIBT ES VIELE GESCHICHTEN. ABER LASST ES MICH BESSER SELBST ERKLÄREN.

DAS IST DER NECKER-WÜRFEL AUS DEM SPÄTEN 18. JAHRHUNDERT, DIE »KIPPFIGUTR« EINES BERÜHMTEN KRISTALLOGRAPHEN. UND FÜR EUREN KÜNSTLER SEHR WICHTIG.

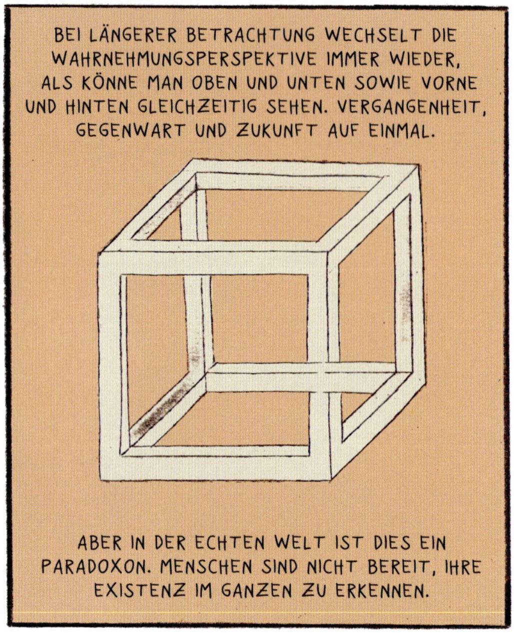
BEI LÄNGERER BETRACHTUNG WECHSELT DIE WAHRNEHMUNGSPERSPEKTIVE IMMER WIEDER, ALS KÖNNE MAN OBEN UND UNTEN SOWIE VORNE UND HINTEN GLEICHZEITIG SEHEN. VERGANGENHEIT, GEGENWART UND ZUKUNFT AUF EINMAL.
ABER IN DER ECHTEN WELT IST DIES EIN PARADOXON. MENSCHEN SIND NICHT BEREIT, IHRE EXISTENZ IM GANZEN ZU ERKENNEN.

ICH PASSE AUF ...
... DASS DIE PARADOXIEN NICHT NACH DRAUSSEN DRINGEN.
DESHALB HABE ICH DEN KÜNSTLER EINGESPERRT. ER WEISS EINFACH ZU VIEL.

ICH BIN IN MEINEM EIGENEN KUNSTWERK GEFANGEN, DAS IST ALLERDINGS PARADOX.

SCHADE ... ICH WÜRDE DEN JUNGEN AUCH GERNE EINSPERREN. WO HAST DU IHN VERSTECKT? DAS WÄRE DAS PARADOXON SCHLECHTHIN GEWESEN.
WAS MEINT ER?
ER IST VERRÜCKT! ICH DACHTE, ER SEI EINE BLOSSE LEGENDE. ABER ES GIBT IHN WIRKLICH, DEN WÄCHTER DER UNMÖGLICHEN WELTEN.
EGAL, WO DU DEN JUNGEN VERSTECKT HAST ... ICH WERDE DICH AUFHALTEN.
DU BIST ZU NEUGIERIG ... DIESE REISE MIT IHM MUSS ENDEN!
SONST?

DU BIST VERRÜCKT! VERSTEHST DU NICHT, WAS DU ANGERICHTET HAST? DU BRINGST DIE STRUKTUREN DER WELTEN AUS DEM GLEICHGEWICHT.
WEIL DU IHREN SCHÖPFER EINGESPERRT HAST, WERDEN SIE IN SICH ZUSAMMENFALLEN UND DAMIT WIR ALLE!
DAS HABE ICH IHM AUCH SCHON GESAGT, ES IST IHM EGAL.
DANN HÖR GEFÄLLIGST AUF MICH!
FANG MICH DOCH!
HIHI!

RI
MB
OH NEIN, DER GUIDE HATTE RECHT. DIE WELTEN FANGEN AN ZU BRÖCKELN.
IRBRUMB
DANN IST DIES DAS ENDE.
MUT, NUR MUT. ALLES LIEGT NUN AN MIR.

LOS, MAUK, DU SCHAFFST DAS!
IHR ARMEN IRREN! DAS IST MEINE WELT, GEBT JEDE HOFFNUNG AUF!

DAS IST ALLEIN MEIN FEHLER. HÄTTE ICH BLOSS DIE FINGER DAVONGELASSEN.
WIR SIND IN EINER AUSGEDACHTEN WELT, ODER? IN EINER REALITÄT, IN DER ALLE PERSPEKTIVEN UND DIMENSIONEN NICHT DEN ÜBLICHEN REGELN GEHORCHEN.
WELT ... REALITÄT ...
ABER NATÜRLICH!
SELBST DIESE GITTER SEHEN ANDERS AUS, WENN ICH EINE ANDERE PERSPEKTIVE EINNEHME ...
SIE SIND AUCH EINE OPTISCHE TÄUSCHUNG! WENN MAN DEN TRICK EINMAL DURCHSCHAUT HAT, HABEN SIE KEINEN EFFEKT MEHR.
ES FUNKTIONIERT!

SCHNELL, ALLES BRICHT ZUSAMMEN!
RUMMBR
FAST ...

WIE IST DAS MÖGLICH? NIEMAND WUSSTE VON DER ILLUSION ...
DU BIST NICHT DER EINZIGE, DER DIESE WELTEN KENNT.
MEIN PLAN ... ICH WERDE EUCH HIER ALLE EIN-SPERREN.
IHR KÖNNT NICHT ENTKOM-MEN, IHR ...
AAAAAAAAAAAAHHH!

WIR SIND NUN IN ...
... SICHERHEIT ...
JA, MAUK, DANK DIR! DU HAST UNS ALLE GERETTET!
UND DER GAUKLER ... ICH DENKE, ER WIRD UNS ERST MAL IN RUHE LASSEN.

MANCHMAL GEHE ICH LEIDER DAS RISIKO EIN, OPFER MEINER EIGENEN WERKE UND PARADOXIEN ZU WERDEN ... WIE KANN ICH EUCH NUR DANKEN?
ICH BRINGE EUCH ZUM AUSGANG, DAMIT IHR EUCH NICHT VERIRRT.
ES WIRD EINE WEILE DAUERN, DAS ALLES WIEDER IN ORDNUNG ZU BRINGEN. ABER ICH FINDE BESTIMMT JEMANDEN, DER BEREIT IST ...
AH, DA SIND SIE JA SCHON, DIE *PLATTWÜRMER*!

ICH KOMME GERNE HIERHER, UM DEN ORT EINZUFANGEN. ODER VIELLEICHT FÄNGT DIESER ORT AUCH MICH EIN. DAS ...
... WEISS ICH NOCH NICHT.
ICH WEISS ABER, DASS ICH MICH NUR HIER ZU HAUSE FÜHLE. VERSTANDEN UND AUFGENOMMEN. ICH KENNE MICH AUS, AUF DIE EINE ODER DIE ANDERE WEISE.
DANKE FÜR EURE HILFE. BESONDERS FÜR DEINE, MEIN KLEINER. DAS KLINGT VIELLEICHT SELTSAM, ABER DU ERINNERST MICH DARAN, WIE ICH SELBST ALS KIND WAR.
WAR MIR EINE EHRE, SIE PERSÖNLICH KENNENZULERNEN. HOFFENTLICH AUF BALD.

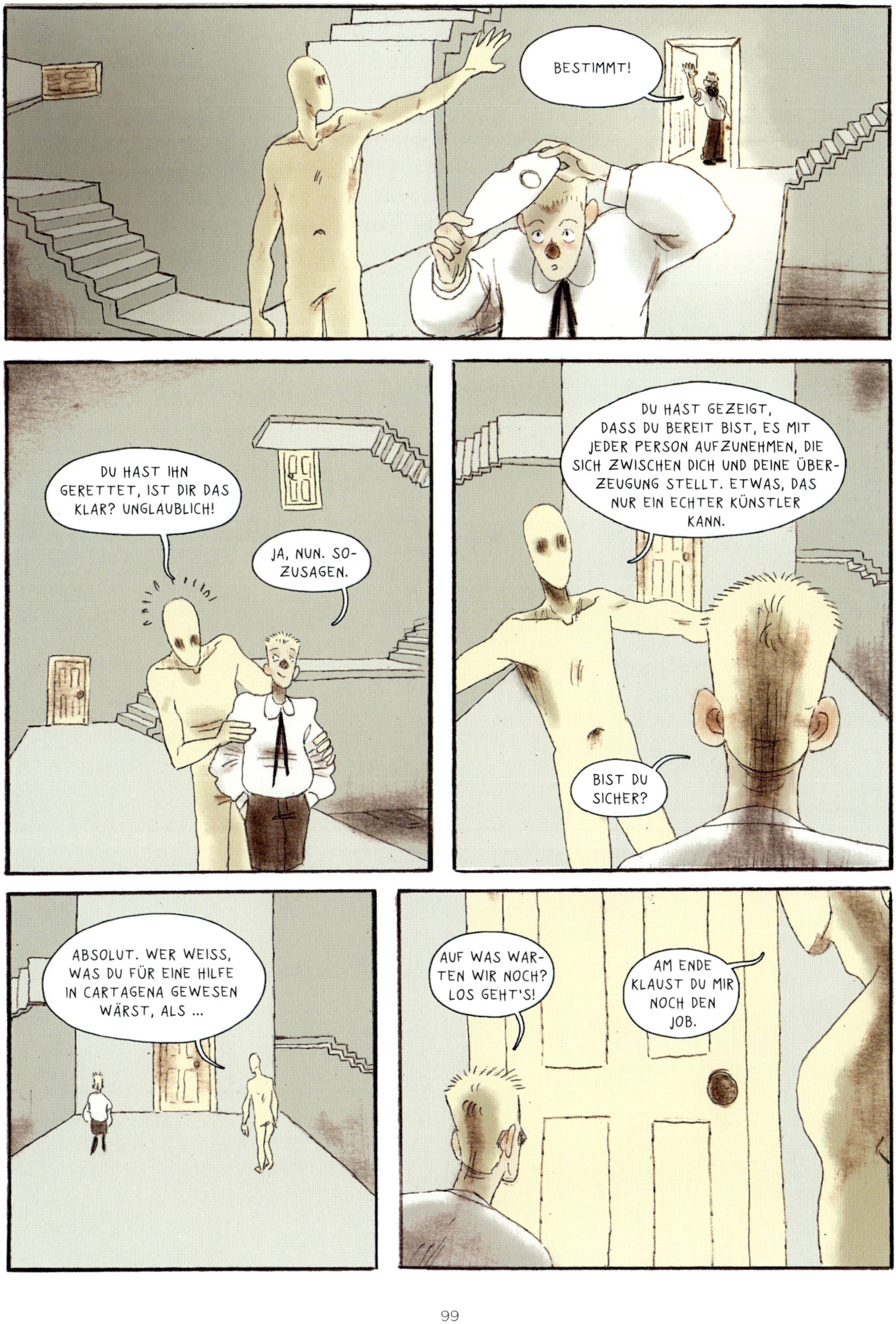
BESTIMMT!
DU HAST IHN GERETTET, IST DIR DAS KLAR? UNGLAUBLICH!
JA, NUN. SO-ZUSAGEN.
DU HAST GEZEIGT, DASS DU BEREIT BIST, ES MIT JEDER PERSON AUFZUNEHMEN, DIE SICH ZWISCHEN DICH UND DEINE ÜBER-ZEUGUNG STELLT. ETWAS, DAS NUR EIN ECHTER KÜNSTLER KANN.
BIST DU SICHER?
ABSOLUT. WER WEISS, WAS DU FÜR EINE HILFE IN CARTAGENA GEWESEN WÄRST, ALS ...
AUF WAS WAR-TEN WIR NOCH? LOS GEHT'S!
AM ENDE KLAUST DU MIR NOCH DEN JOB.

CARTAGENA, SPANIEN, UM 1936
FFWWHHUUUM
FWWHHUUUM
ICH GLAUBE IHM IMMER NOCH NICHT ...
OHNE DIESEN WÄRTER, UND IN ETWAS RUHIGEREN ZEITEN, WÄREN DIE ARBEITEN NICHT VERLOREN GEGANGEN ...
VERLOREN?
NUN JA, DAS IST EINE LANGE GESCHICHTE. ABER WENN WIR DAS SCHIFF NOCH ERREICHEN, WIRST DU SIE DIR SELBST ANHÖREN KÖNNEN.

HHHUUM
DER KAPITÄN WIRD NICHT LÄNGER WARTEN.
FFFWWWHHHUUUUMMM

KEUCH
KEUCH
KEUCH
KEUCH
WO SIND DEINE ZEICH-NUNGEN?
SIE HABEN ... KEUCH ... SIE MIR NICHT ZURÜCKGEGEBEN ... KEUCH ... SIE MEINTEN, SIE SEIEN DAS ... KEUCH ... CORPUS DELICTI ...
SIE HALTEN DICH TATSÄCHLICH FÜR EINEN SPION?
ICH HABE IHNEN ER-KLÄRT, DASS ES SKIZZEN FÜR KUNSTWERKE SIND. ABER WEIL SIE DIE STADT-MAUERN ZEIGEN ... TJA.
OH JE.
ABER WENIGSTENS HABEN SIE DICH GEHEN LASSEN.

WIE SCHADE UM DIE ZEICHNUNGEN!
ES WÄRE SCHLIMMER GEWESEN, WENN ER DAS SCHIFF VERPASST HÄTTE. RATE MAL, WO ES HINGEHT ...
ICH BIN SO WÜTEND! ABER DANN DENKE ICH AN GRANADA ...
DU HAST MIR SO VIEL VON DER ALHAMBRA DORT ERZÄHLT, ICH FREUE MICH SEHR DARAUF.
EIN ZWEITER BESUCH? WIESO KEHREN WIR DORTHIN ZURÜCK?
UM DIR BEIZUBRINGEN, WIE MAN SICH DEM LETZTEN HINDERNIS STELLT, EINEM DER SCHWIERIGSTEN.
DEM ZUFALL.
WEISST DU, MAUK, MANCHMAL REICHT ES NICHT, KÄMPFE ZU GEWINNEN ODER INNERE DÄMONEN ZU BESIEGEN. OFT BRAUCHST DU GANZ EINFACH DIE FÄHIGKEIT, DICH ZU FÜGEN UND DEM ZUFALL ZU FOLGEN.
DAS VERSTEHE ICH NICHT ... HEISST DAS NICHT, DAS EIGENE SCHICKSAL ZU ERFÜLLEN?
ICH GEBE AUF, INZWISCHEN BIST DU ZU CLEVER. DU HAST JA RECHT ... ZUFALL UND SCHICKSAL SIND DAS GLEICHE.

ICH WEISS NICHT, WAS DAS SCHICKSAL FÜR MICH BEREITHÄLT, ABER ICH BIN SO FROH, DASS DU BEI MIR BIST, WÄHREND ICH IHM FOLGE ODER VERSUCHE, ES SELBST ZU GESTALTEN.
ZU-SAMMEN.
DU BIST MEIN GRAU, JETTA.
UND DU BIST BESSER IM ZEICHNEN ALS IM SCHWINGEN ROMANTISCHER WORTE.
HA HA HA!
HA HA HA!

APROPOS ZEICHNEN ... WENIGSTENS HABEN SIE MEIN NOTIZBUCH NICHT BESCHLAGNAHMT.
OH, WIE SCHÖN! WO WAR DAS?
MALTA, LETZTEN MAI. LEIDER KANN MAN NICHT MEHR SEHEN, WAS SICH HINTER DEM FENSTER AUF DEM BALKON BEFINDET ... VIELLEICHT MIT EINER LUPE ODER MIT ETWAS DRUCK GEGEN DIE RÜCKSEITE ...
UND ER VERLIERT SICH WIEDER IN SEINEN WELTEN.
IST DAS EINER DER DRUCKE, DIE DU DER COMPAGNIA ADRIATICA DI NAVIGAZIONE ALS BEZAHLUNG FÜR DIE FAHRT GEGEBEN HAST?

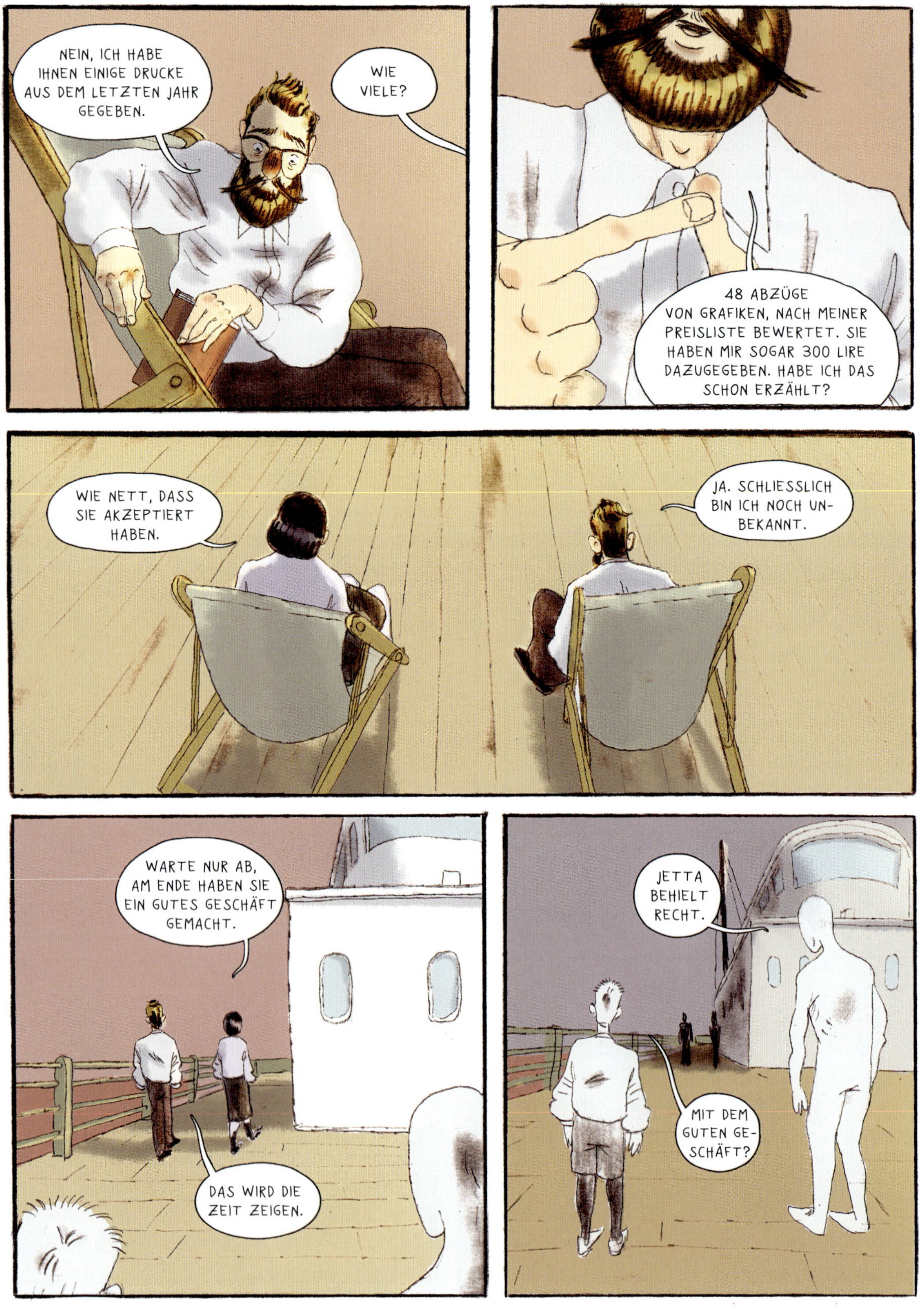
NEIN, ICH HABE IHNEN EINIGE DRUCKE AUS DEM LETZTEN JAHR GEGEBEN.
WIE VIELE?
48 ABZÜGE VON GRAFIKEN, NACH MEINER PREISLISTE BEWERTET. SIE HABEN MIR SOGAR 300 LIRE DAZUGEGEBEN. HABE ICH DAS SCHON ERZÄHLT?
WIE NETT, DASS SIE AKZEPTIERT HABEN.
JA. SCHLIESSLICH BIN ICH NOCH UNBEKANNT.
WARTE NUR AB, AM ENDE HABEN SIE EIN GUTES GESCHÄFT GEMACHT.
DAS WIRD DIE ZEIT ZEIGEN.
JETTA BEHIELT RECHT.
MIT DEM GUTEN GESCHÄFT?

JA. ER HATTE DIE TICKETS FÜR SEINE REISE MIT DRUCKEN BEZAHLT. DIE SCHIFFFAHRTSGESELLSCHAFT HAT SIE AKZEPTIERT, OBWOHL ER 1936 NOCH NICHT BERÜHMT WAR.
WOW! DANN WIRD ER ALSO NOCH BERÜHMT?
JA, EIN WELTWEIT BEKANNTER KÜNSTLER. SEINE SIGNIERTEN DRUCKE WERDEN MEHRERE TAUSEND DOLL… SEHR VIEL GELD WERT SEIN. JEDER WILL SIE. SIE SIND ECHTE SAMMLERSTÜCKE.
HURRA!
ICH WOLLTE AUF DEN RICHTIGEN MOMENT WARTEN, UM DIR VON SEINEM ERFOLG ZU ERZÄHLEN, DAMIT DU NICHT NUR WEGEN DES GELDES UND DES RUHMES KÜNSTLER WIRST ODER DIR FALSCHE VORSTELLUNGEN MACHST.
ABER JETZT KANN ICH DIR DAS ALBUM ZEIGEN, IN DEM ICH SEINE ERFOLGE DOKUMENTIERT HABE.

DIE ENGLISCHE ZEITSCHRIFT *THE STUDIO* SCHRIEB IM FEBRUAR 1951 EINEN ARTIKEL ÜBER IHN, DER IHN IN DEN USA BEKANNT MACHTE. IM APRIL UND IM MAI ERSCHIENEN BERICHTE IN DEN MAGAZINEN *TIME* UND *LIFE*.
BIS 1943 HATTE ER MIT DEM VERKAUF SEINER DRUCKE NIE MEHR ALS 1400 GULDEN IM JAHR VERDIENT. 1954, NACH EINER NEUEN AUSSTELLUNG IN AMSTERDAM, VERDIENT ER 16 000!
SEIT 1960 STELLT ER ÜBERALL AUF DER WELT AUS, UND HÄTTE ES SEIN SCHLECHTER GESUNDHEITSZUSTAND IM ALTER NICHT UNMÖGLICH GEMACHT, WÄRE ER SOGAR AUF EINE VORTRAGSREIHE NACH KANADA GEGANGEN!

ENDLICH KANN ER VON SEINER KUNST LEBEN UND BEKOMMT ZAHLREICHE AUSZEICHNUNGEN.
1955 WIRD ER ZUM RITTER DES ORDENS VON ORANIEN-NASSAU ERNANNT UND 1965 BEKOMMT ER DEN KULTURPREIS DER STADT HILVERSUM.
70
DEN HAT MACGILLAVRY ERWÄHNT!
DIE WELT HAT ENDLICH SEIN GENIE ERKANNT.

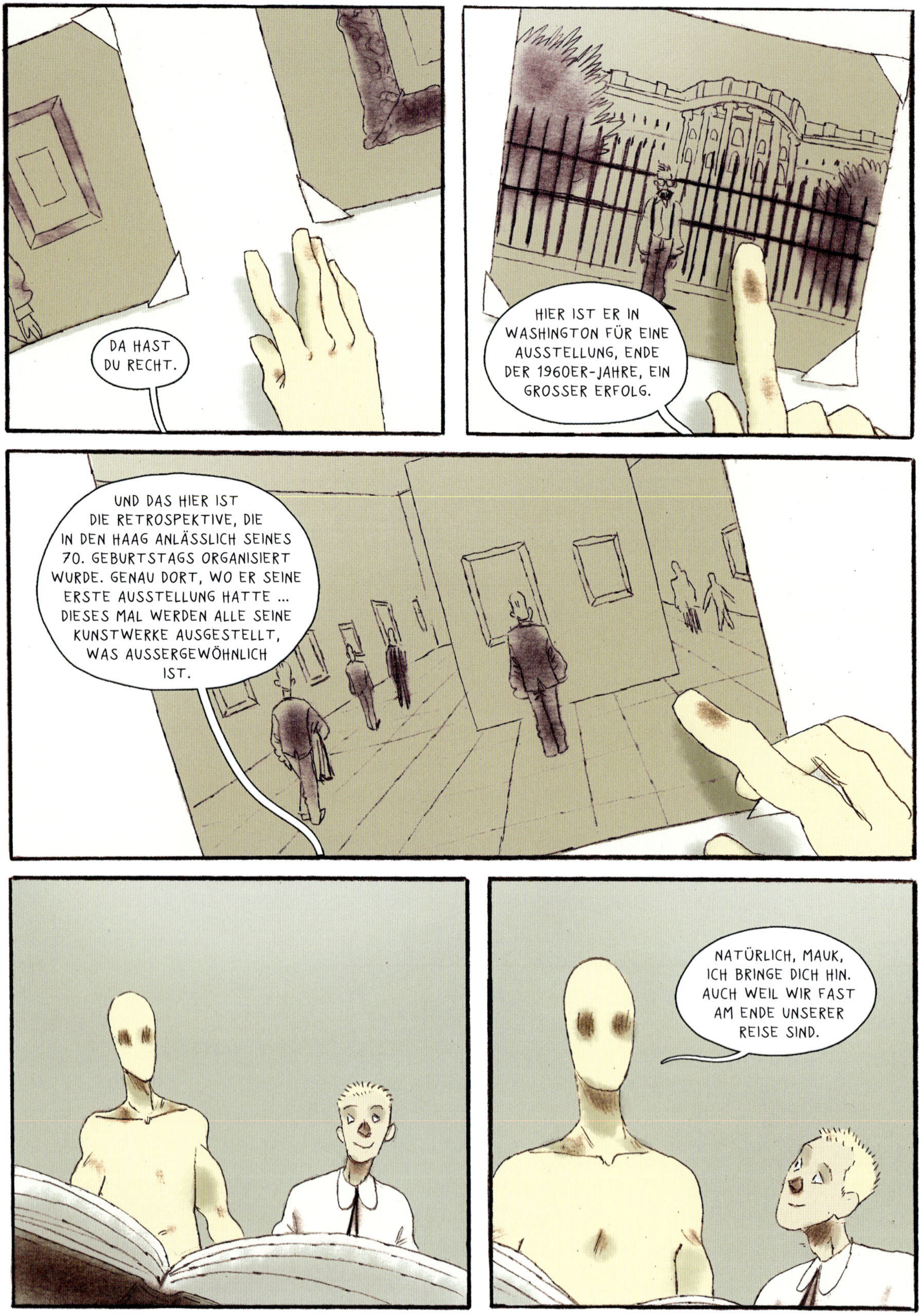
DA HAST DU RECHT.
HIER IST ER IN WASHINGTON FÜR EINE AUSSTELLUNG, ENDE DER 1960ER-JAHRE, EIN GROSSER ERFOLG.
UND DAS HIER IST DIE RETROSPEKTIVE, DIE IN DEN HAAG ANLÄSSLICH SEINES 70. GEBURTSTAGS ORGANISIERT WURDE. GENAU DORT, WO ER SEINE ERSTE AUSSTELLUNG HATTE ... DIESES MAL WERDEN ALLE SEINE KUNSTWERKE AUSGESTELLT, WAS AUSSERGEWÖHNLICH IST.
NATÜRLICH, MAUK, ICH BRINGE DICH HIN. AUCH WEIL WIR FAST AM ENDE UNSERER REISE SIND.

GEMEENTEMUSEUM, DEN HAAG, 1968

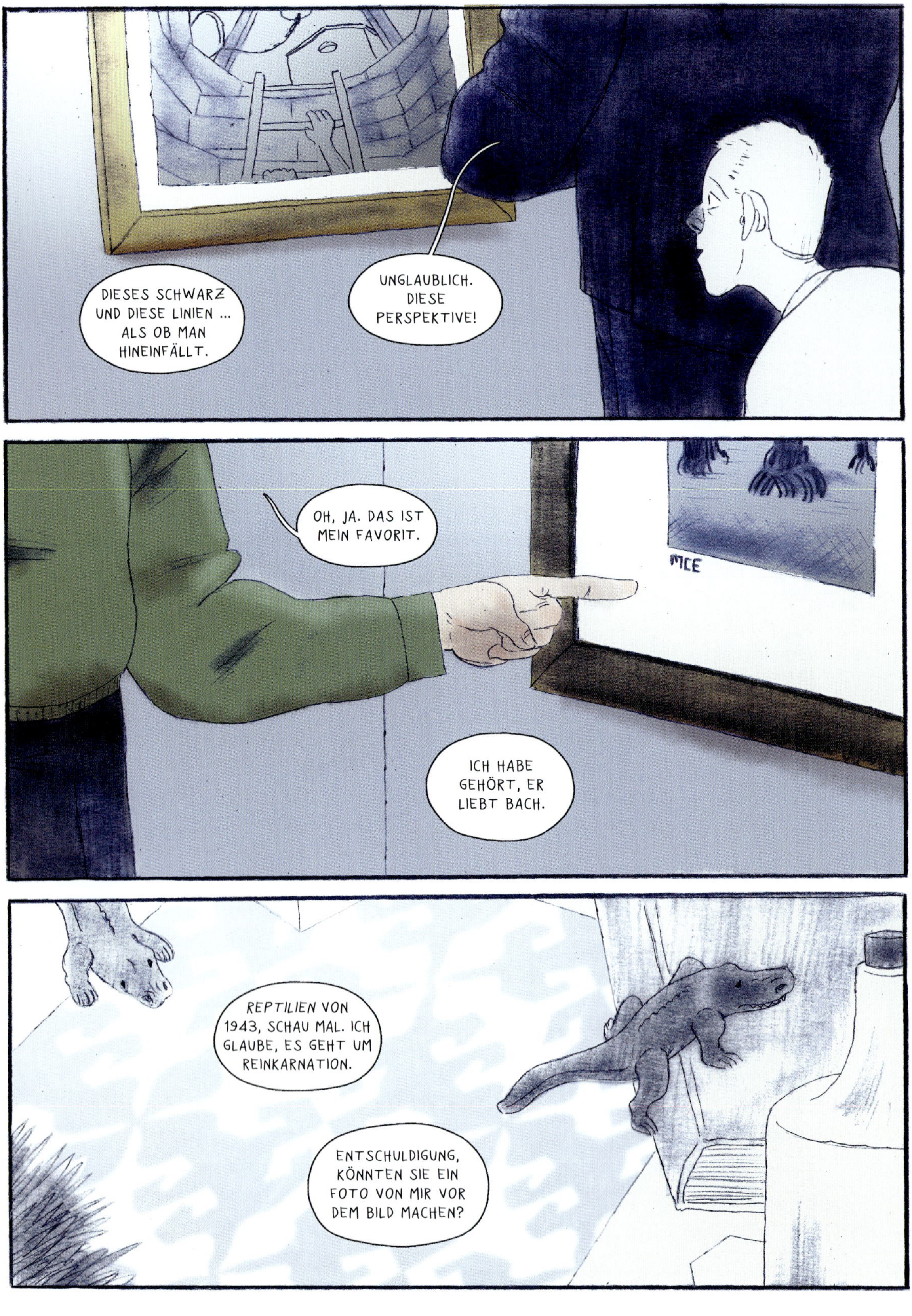
DIESES SCHWARZ UND DIESE LINIEN ... ALS OB MAN HINEINFÄLLT.
UNGLAUBLICH. DIESE PERSPEKTIVE!
OH, JA. DAS IST MEIN FAVORIT.
MCE
ICH HABE GEHÖRT, ER LIEBT BACH.
REPTILIEN VON 1943, SCHAU MAL. ICH GLAUBE, ES GEHT UM REINKARNATION.
ENTSCHULDIGUNG, KÖNNTEN SIE EIN FOTO VON MIR VOR DEM BILD MACHEN?

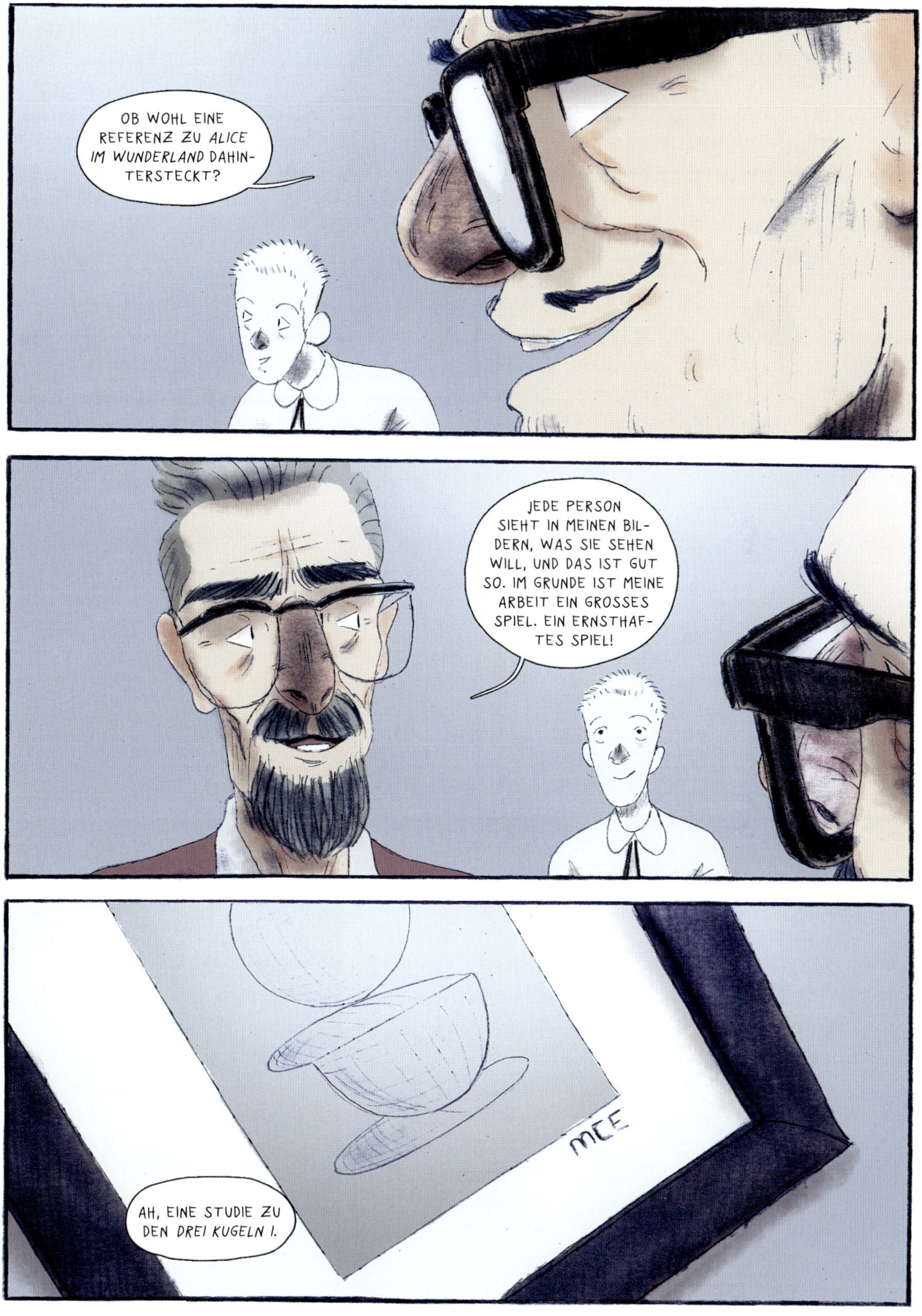
OB WOHL EINE REFERENZ ZU *ALICE IM WUNDERLAND* DAHINTERSTECKT?
JEDE PERSON SIEHT IN MEINEN BILDERN, WAS SIE SEHEN WILL, UND DAS IST GUT SO. IM GRUNDE IST MEINE ARBEIT EIN GROSSES SPIEL. EIN ERNSTHAFTES SPIEL!
MCE
AH, EINE STUDIE ZU DEN *DREI KUGELN I.*

AH, HIER BIST DU. ICH GLAUBE, SIE WOLLEN DICH AUF DER BÜHNE SEHEN.
OH, ICH KOMME.
GLÜCKWUNSCH, MAESTRO. ES IST MIR EINE EHRE!
VIELEN DANK.
BRAVO!
BRAVO!
CLAP
BRAVO!
NUN ...

VIELEN DANK, DASS SIE ALLE SO ZAHLREICH HIER ERSCHIENEN SIND, NUN FÜHLE ICH MICH NICHT MEHR SO ALLEIN AUF MEINER REISE. SIE BEGANN VOR VIELEN JAHREN, ICH MACHTE MICH AUF DIE SUCHE NACH DER INHÄRENTEN ORDNUNG ALL JENER DINGE, DIE MAN NUR SEHEN KANN, WENN MAN WEISS, WIE MAN SIE SUCHEN SOLL.
ABER ERST MIT DER ZEIT VERSTAND ICH, NACH WAS ICH GESUCHT HABE, WAS WIR ALLE IN DER ORDNUNG UND IHRER HARMONIE SUCHEN: UNENDLICHKEIT. SIE BEDEUTET RUHE, DAS UNTERBEWUSSTE, FREIHEIT. ZUMINDEST FÜR MICH.
ABER BEI DIESER SUCHE SIND WIR SCHNELL ALLEIN, DENN JEDER HAT SEINEN EIGENEN WEG. OFT HABE ICH MICH IN MEINEN EIGENEN WELTEN VERIRRT UND MICH IN DER »GEOMETRISCHEN KÄLTE« VERLOREN, ALS DIE SIE MANCHE EMPFANDEN, ABER FÜR MICH WAREN ES TIEFE UND AUFRICHTIGE EMOTION.

DIESE GEHEIMNISVOLLE REALITÄT VERLANGT, OHNE ZU GROSSE ERNSTHAFTIGKEIT UND MIT EIN BISSCHEN IRONIE, HINTER DIE FASSADE ZU BLICKEN.
ZEIT UND RAUM AUFZUHEBEN. ENDLICH DAS URSPRÜNGLICHE ERREI- CHEN, DAS UNENDLICHE, DIE GRENZENLOSIGKEIT …
… UND DAS WINZIGE. DAS GEHEIMNIS JEDER EXISTENZ. ICH KENNE …
… ES IMMER NOCH NICHT, AUCH WENN ICH SEIT MEINER KIND- HEIT DANACH SUCHE.

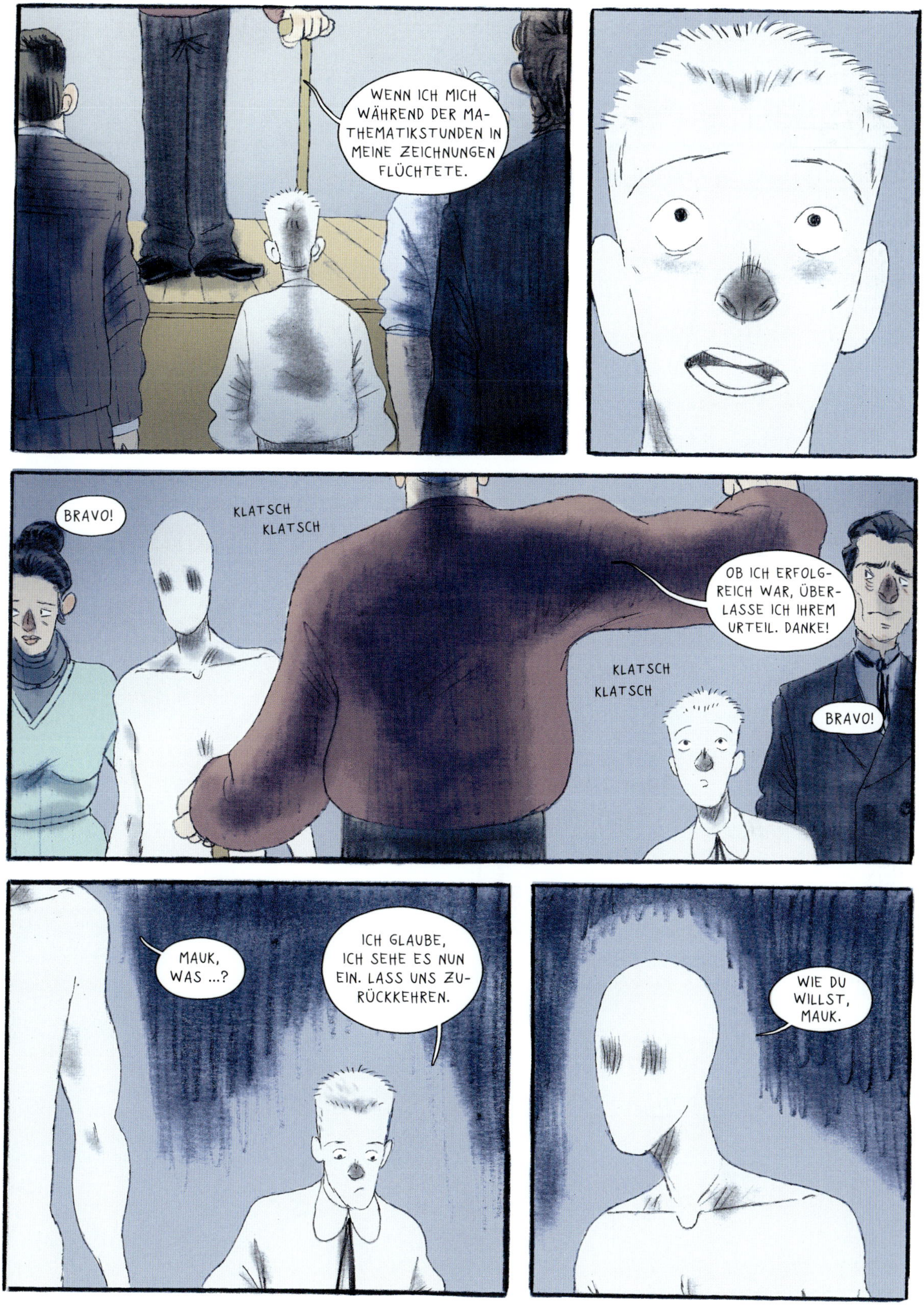
WENN ICH MICH WÄHREND DER MATHEMATIKSTUNDEN IN MEINE ZEICHNUNGEN FLÜCHTETE.
BRAVO!
KLATSCH KLATSCH
OB ICH ERFOLGREICH WAR, ÜBERLASSE ICH IHREM URTEIL. DANKE!
KLATSCH KLATSCH
BRAVO!
MAUK, WAS ...?
ICH GLAUBE, ICH SEHE ES NUN EIN. LASS UNS ZURÜCKKEHREN.
WIE DU WILLST, MAUK.

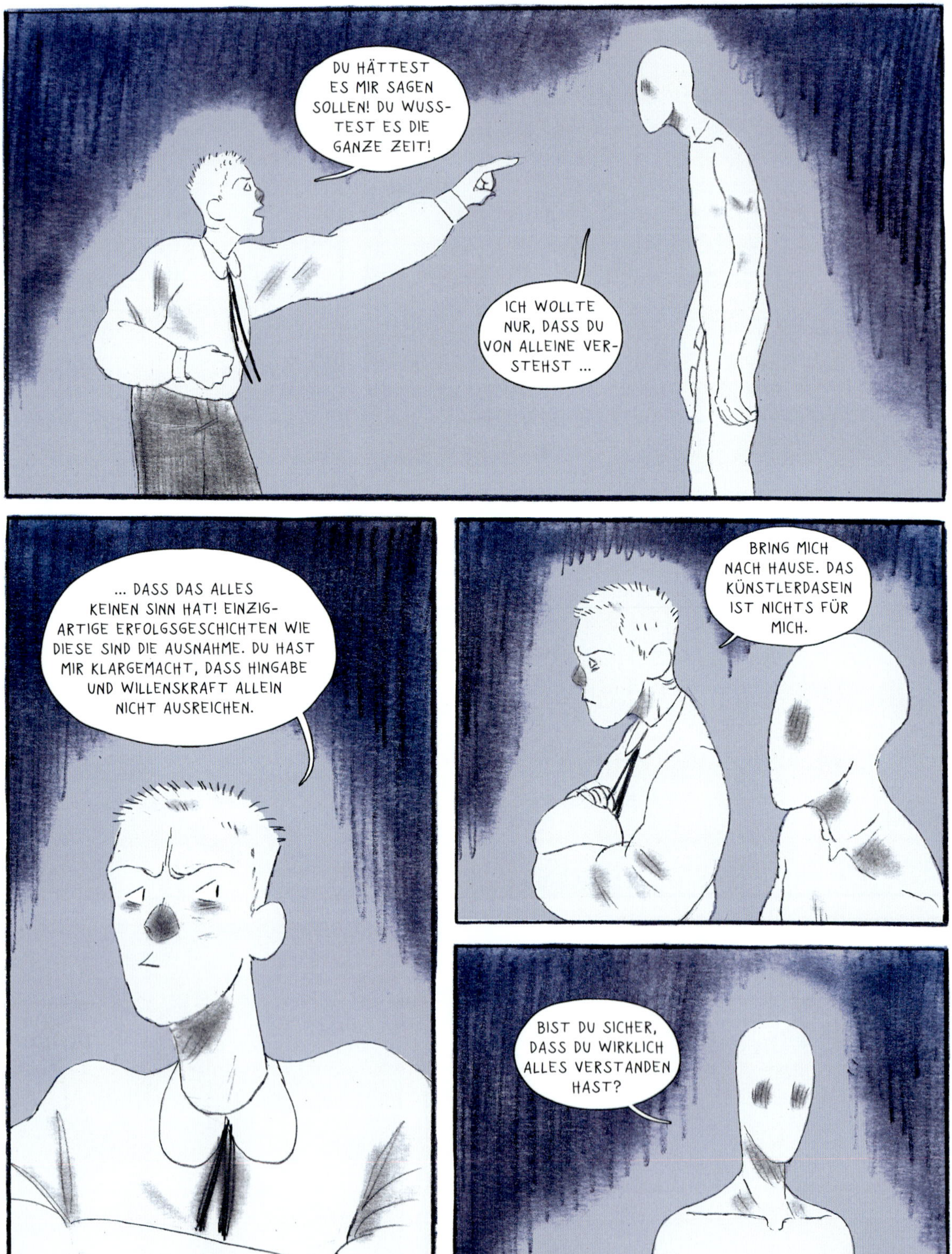
DU HÄTTEST ES MIR SAGEN SOLLEN! DU WUSSTEST ES DIE GANZE ZEIT!
ICH WOLLTE NUR, DASS DU VON ALLEINE VERSTEHST ...
... DASS DAS ALLES KEINEN SINN HAT! EINZIGARTIGE ERFOLGSGESCHICHTEN WIE DIESE SIND DIE AUSNAHME. DU HAST MIR KLARGEMACHT, DASS HINGABE UND WILLENSKRAFT ALLEIN NICHT AUSREICHEN.
BRING MICH NACH HAUSE. DAS KÜNSTLERDASEIN IST NICHTS FÜR MICH.
BIST DU SICHER, DASS DU WIRKLICH ALLES VERSTANDEN HAST?

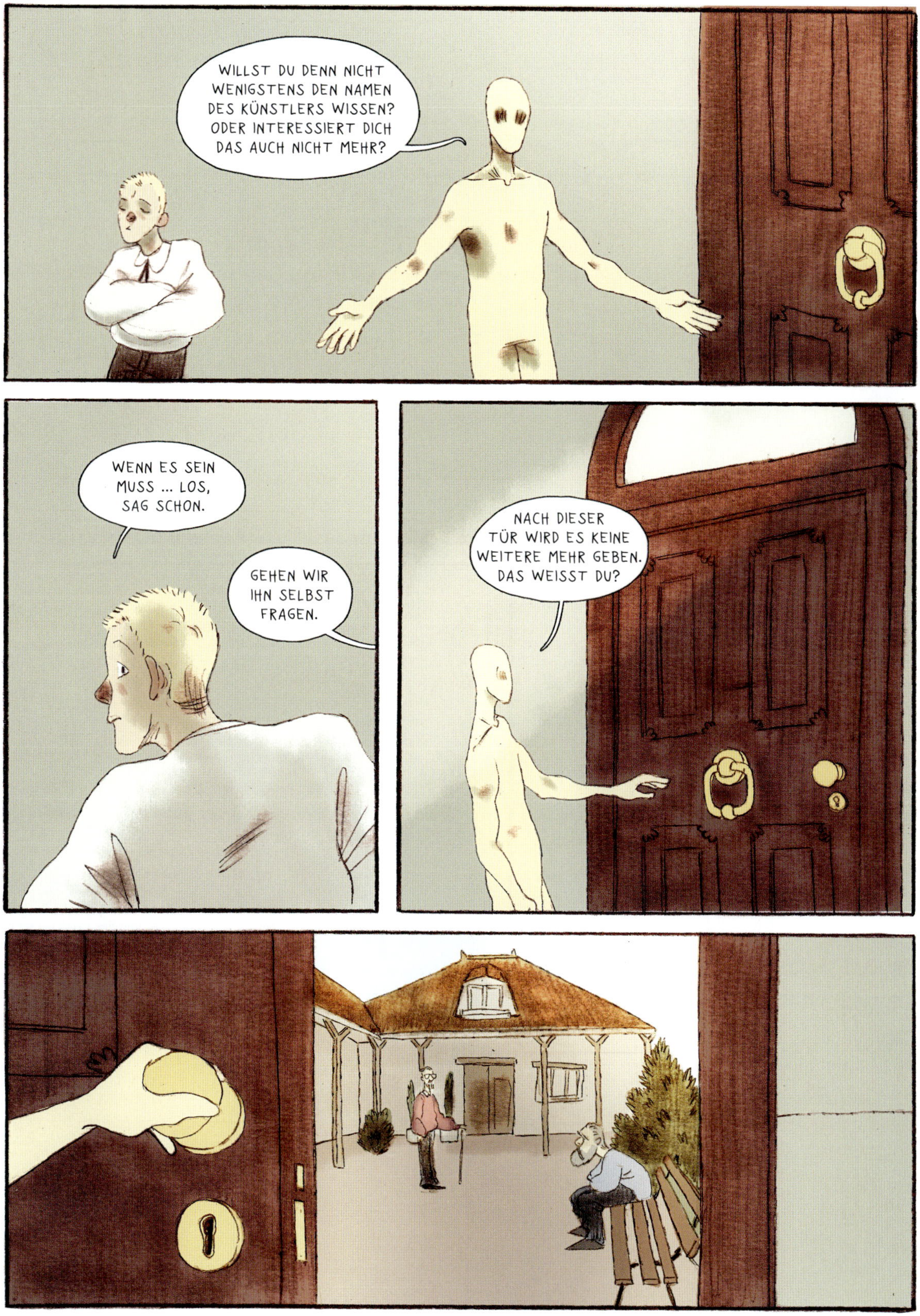
WILLST DU DENN NICHT WENIGSTENS DEN NAMEN DES KÜNSTLERS WISSEN? ODER INTERESSIERT DICH DAS AUCH NICHT MEHR?
WENN ES SEIN MUSS ... LOS, SAG SCHON.
GEHEN WIR IHN SELBST FRAGEN.
NACH DIESER TÜR WIRD ES KEINE WEITERE MEHR GEBEN. DAS WEISST DU?

LAREN, MÄRZ, 1972
DA SEID IHR JA ENDLICH.
WIESO KANN ER UNS SEHEN?
DESHALB SIND WIR DOCH HIER.
KEINE ANGST! GEHEN WIR IN MEIN ZIMMER.

VIELEN DANK, DU WARST GROSSARTIG.
NUN, SIE HABEN MICH SO GEZEICHNET.
WAS ...? WARUM VERABSCHIEDET IHR EUCH?
MAUK, ZIEL DER REISE WAR ES, DICH HIERHERZUBRINGEN. MEINE MISSION IST NUN ZU ENDE.
DANKE FÜR DIESES FANTASTISCHE ABENTEUER.
SEI NICHT TRAURIG, MAUK. BALD WIRST DU ALLES VERSTEHEN. DAS IST KEIN ...
... AB-SCHIED FÜR IMMER!

HIER SIND WIR ALSO. ENDLICH ALLEIN.
NUN, WILLST DU MICH NICHT ETWAS FRAGEN?
NUN, JA, WIE HEISSEN S...
OH, MAUK, ENDLICH HAST DU ES BE-MERKT.
ABER DAS ...?

DAS IST JA DAS BILD, DAS ICH GEMACHT HABE, BEVOR …
… DU AUF DIESE REISE GINGST?
WOHER WISSEN SIE DAS?
VERSTEHST DU ES IMMER NOCH NICHT?
NEIN, NEIN, NEIN, DAS IST UNMÖGLICH. DAS ERGIBT KEINEN …
… KEINEN SINN? WIE ALLES, WAS DU BIS JETZT GESEHEN UND GETAN HAST?

KOMM HER, SETZ DICH.
WAS, GLAUBST DU, WAR DER WAHRE GRUND FÜR DIESE REISE?
ICH SOLLTE VERSTEHEN ...
... DASS DU DIESE EINZIGARTIGE GESCHICHTE BIST, MAUK.
DU.
ICH.
WIR.

WEISST DU, MAUK, WENN DU ÄLTER WIRST UND DIR DIE ZEIT DAVONLÄUFT, DENKST DU PLÖTZLICH ÜBER DEIN GANZES LEBEN NACH. DU BEGINNST, AN JEDER DEINER ENTSCHEIDUNGEN ZU ZWEIFELN ...
JEDE ENTSCHEIDUNG WURDE GETROFFEN. DU WEISST SCHON, WIE ES ENDEN WIRD. ALLES WIEDERHOLT SICH, EIN UNENDLICHER KREISLAUF. ALLES IST GEORDNET, HAT SEINEN PLATZ, IN JEDEM MOMENT.
DU FRAGST DICH, OB ALLES ... SINN GEMACHT HAT. ABER DAS KANN MAN NUR HERAUSFINDEN, WENN MAN SEIN LEBEN DURCH DIE AUGEN EINER PERSON BETRACHTET, DIE NOCH NICHTS DAVON WEISS. DURCH DIE AUGEN EINES KINDES.
NUR DANN WIRST DU WISSEN, OB ES DAS WERT WAR. DESHALB FRAGE ICH DICH NUN, MAUK:

WAR ES DAS WERT?
ICH HÄTTE MIR KEINE BESSERE ZUKUNFT VORSTELLEN KÖNNEN.
ICH MIR KEINE BESSERE VERGANGENHEIT.
WIR WISSEN JETZT BEIDE, DASS DER ANFANG DAS ENDE IST ...
... UND DAS ENDE IMMER DER ANFANG.

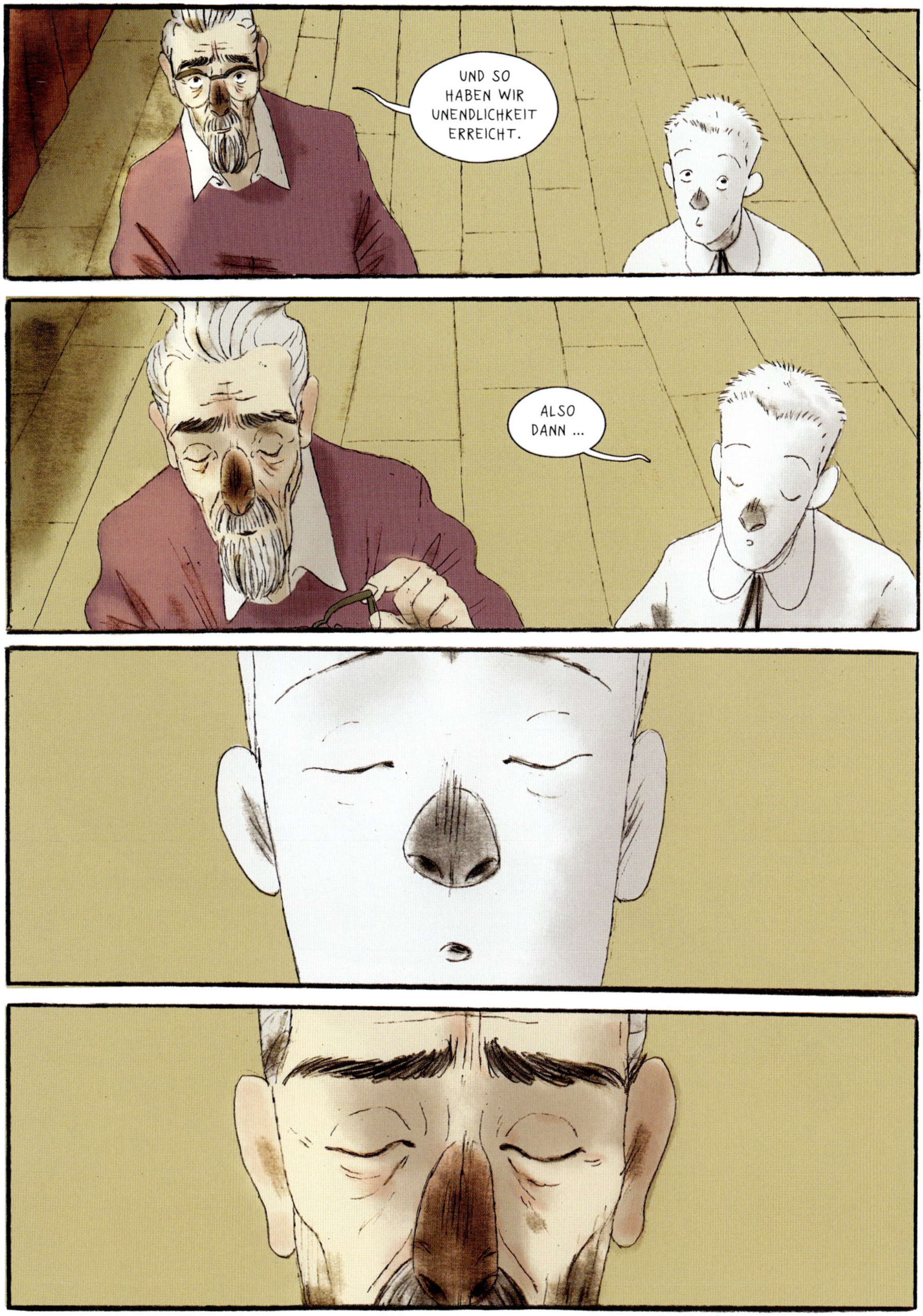
UND SO HABEN WIR UNENDLICHKEIT ERREICHT.
ALSO DANN ...

MEINE LIEBEN KINDER, KINDER, KINDER, KINDER:
ICH HABE MICK JAGGER GESAGT, DASS ICH DAS PLATTENCOVER NICHT GESTALTEN WERDE.
ENDLICH ZURÜCK IN DEN NIEDERLANDEN. HIER IN BAARN FÜHLE ICH ...

VATER, PROFESSOR DE MESQUITA EMPFIEHLT, DASS ICH ...
ICH HOFFE, JETTA WIRD MICH HEIRATEN ...

BEREIT?
AUF GEHT'S.

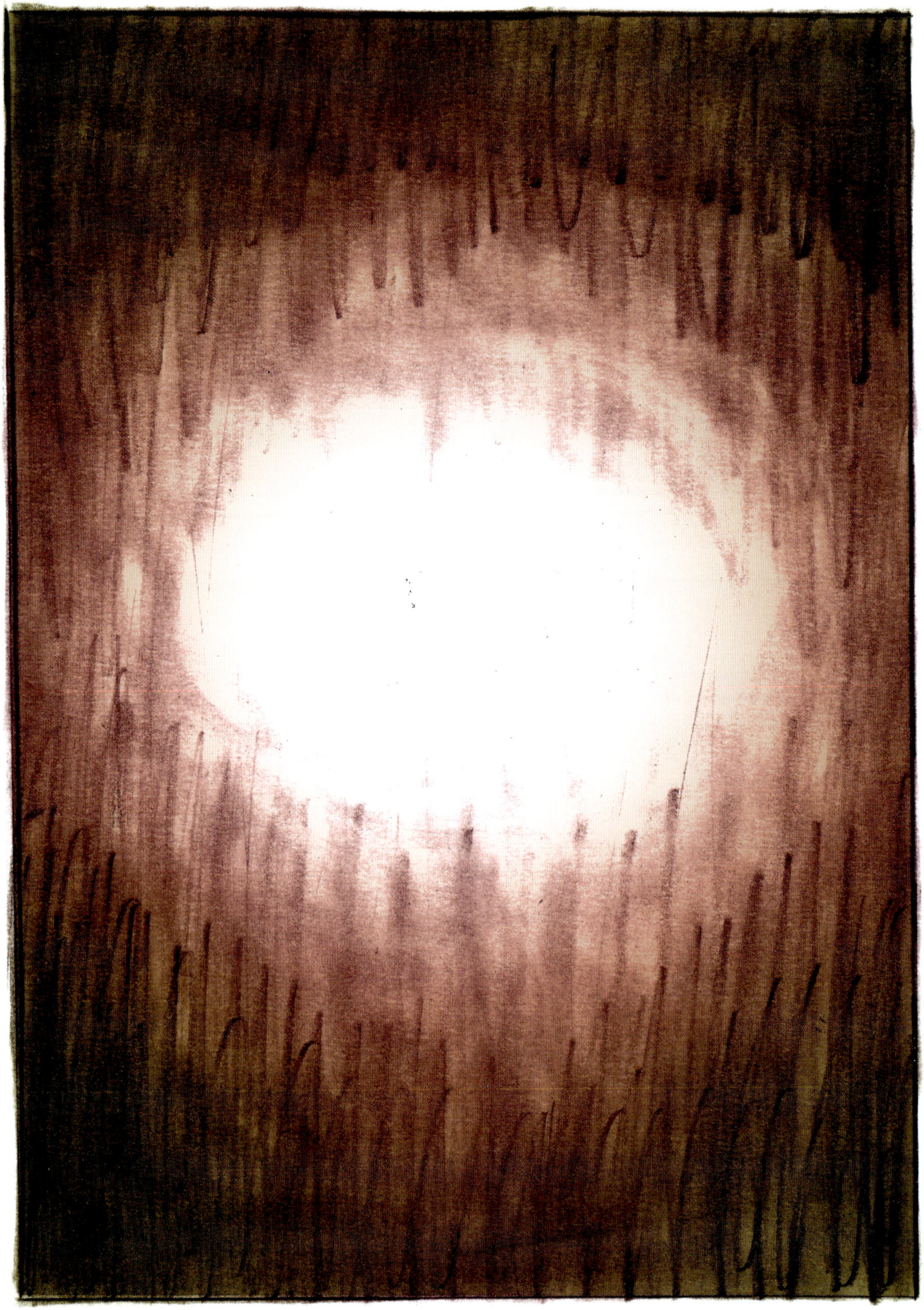

DU DA! ICH REDE MIT DIR!
SLACCKR
AUGEN ZU MIR, JUNGER MANN!

MAURITS CORNELIS ESCHER!

MAUK
ESCHER

GIACCA?

Zur Entstehung der Graphic Novel

Seite 87

PANEL 1
Wir verkleinern den Gaukler auf der Leiter (wir können den nehmen, den wir schon haben). Er legt den Würfel ab oder hält ihn mit einer Hand. Ganzfigur, vielleicht mit leichter Untersicht (da er nach oben klettert).

Gaukler: *Willkommen! Mir hatten noch Zuschauer gefehlt.*

PANEL 2
Schwenk auf Mauk und den Guide. Der Guide steht fast direkt vor Mauk, als ob er ihn schützen wolle.

Guide: *Was willst du von ihm?*

PANEL 3
Der Gaukler steht oben auf einer Plattform über dem Gefängnis, in dem Escher zu sehen ist.

Gaukler: *Von ihm? Wenn man mit dem Unmöglichen spielt, kann das ein böses Ende nehmen.*

PANEL 4
Schwenk auf Mauk und Guide, die sich leise unterhalten. Bruststück oder Nahaufnahme.

Mauk: *Dieser Gaukler hat mich von Anfang an verfolgt.*

Guide: *Wieso hast du mir nichts gesagt?*

Mauk: *Kennst du ihn?*

PANEL 5
Schwenk zu dem Gaukler auf der Plattform, Ganzfigur, so, dass man auch etwas mehr von der Architektur sieht.

Gaukler: *Redet ihr über mich? Über mich gibt es viele Geschichten. Aber lasst es mich besser selbst erklären.*

STORYBOARD

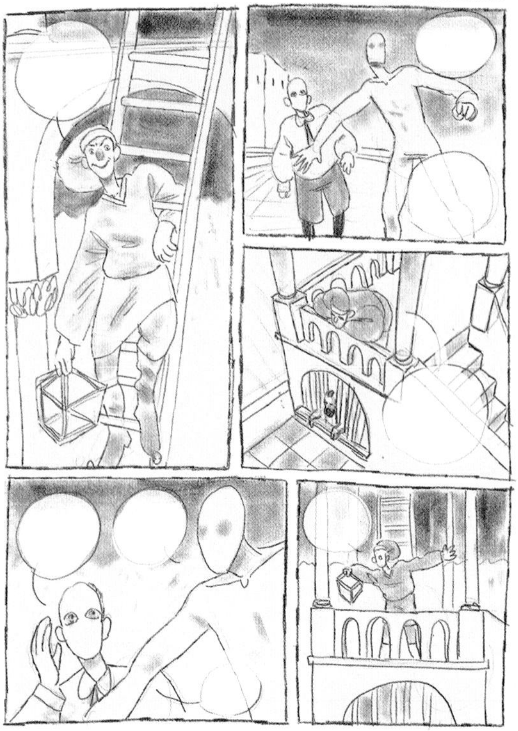

BLEISTIFTZEICHNUNG

Seite 124

PANEL 1
Escher signalisiert Mauk, dass er sich neben ihn setzen soll und klopft mit der Hand auf die Bettdecke, Detailausschnitt Hand.

Escher: *Komm her, setz dich.*

Escher: *Was, glaubst du, war der wahre Grund für diese Reise?*

PANEL 2
Mauk setzt sich, wir sehen beide frontal vor uns sitzen. Mauk blickt immer noch etwas ratlos auf den Boden.

Mauk: *Ich sollte verstehen ...*

Escher: *... dass* du *diese eine einzigartige Geschichte bist, Mauk.*

PANEL 3
Eschers Hand deutet auf Mauks Brust, ein wenig aus der Perspektive von Escher heraus gezeigt.

Escher: *Du.*

PANEL 4
Dann zeigt Eschers Hand auf seine eigene Brust, jetzt ein wenig aus der Perspektive von Mauk heraus.

Escher: *Ich.*

PANEL 5
Wir sehen die beiden frontal, in Halbfigur, nicht zu nahe beieinander, dann Zoom auf die Gesichter im Profil, die schließlich zu einer Einheit verschmelzen und lächeln.

Beide: *Wir.*

STORYBOARD

BLEISTIFTZEICHNUNG

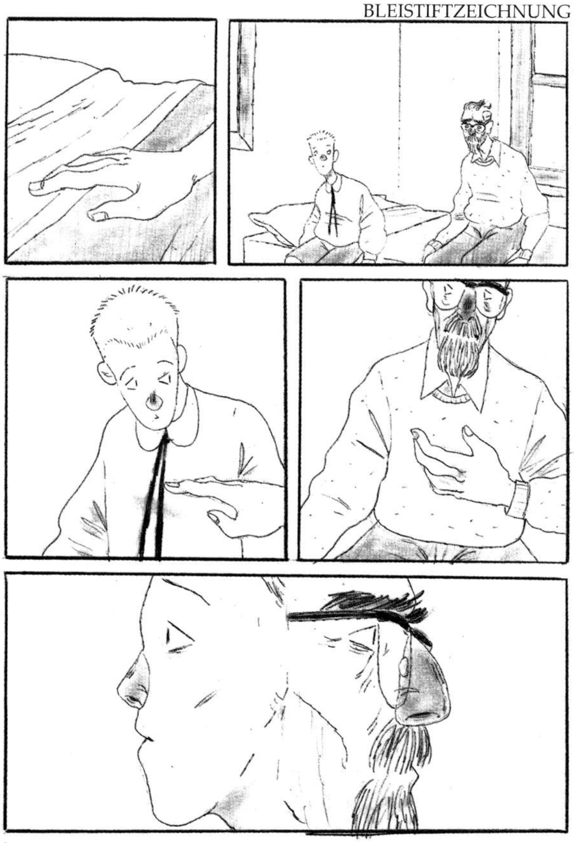

Das Leben des Maurits Cornelis Escher

Maurits Cornelis Escher wird am 17. Juni 1898 im niederländischen Leeuwarden als fünftes Kind von Georg Arnold Escher (Ingenieur, 1943–1939) und dessen zweiter Frau Sara Gleichman (1860–1940) geboren. Er hat drei Geschwister und zwei Halbgeschwister. Er bekommt den Spitznamen »Mauk«.

1903 zieht die Familie nach Arnheim, wo Maurits eingeschult wird. Da er in Naturwissenschaften eher schlecht ist, muss er ein Jahr wiederholen. Begabt ist er hingegen in Kunst. 1913, mit 15 Jahren, beginnt Maurits zu zeichnen, 1916 folgt der erste Linolschnitt.

1919 schreibt er sich, auf Wunsch seines Vaters, für Architektur und dekorative Künste an der Universität Haarlem ein. Sein Professor Samuel Jessurun de Mesquita (Maler und Grafiker, 1868–1944) erkennt sein Talent, sodass Maurits von der Architektur zur Grafik wechselt.

1921 reist Maurits mit seiner Familie nach Norditalien, was ihn nachhaltig beeindruckt. 1922 kehrt er auf seiner »Grand Tour« dorthin zurück, ein Meilenstein in seiner künstlerischen Laufbahn. Er reist auch nach Spanien und sieht zum ersten Mal die Majolika der Alhambra. Er verliebt sich in die Landschaften der Toskana und Süditaliens. 1923 lernt er in Amalfi Jetta Umiker kennen, Tochter einer gut situierten Schweizer Familie.

1924 heiratet er Jetta in Viareggio und er zeigt seine erste Ausstellung in Den Haag.

1925 ziehen Maurits und Jetta nach Italien und kaufen ein Haus in Frascati. Am 23. Juli 1926 wird Sohn George Arnold geboren. Mit der Gruppo Romano Incisori Artisti organisiert Maurits seine erste Einzelausstellung im Palazzo Venezia in Rom.

1927 zieht die Familie nach Rom, in eine zweistöckige Wohnung in die Via Poerio 122, im Gianicolo-Viertel. Am 8. Dezember 1928 wird der zweite Sohn Arthur geboren.

Mit seinen Freunden Giuseppe Haas-Triverio, Robert Schiess und Jean Rousset (Letzterer begleitete Escher 1930 nach Kalabrien), alle ebenfalls Künstler, unternimmt Maurits Reisen durch Italien und den Mittelmeerraum. In seinem künstlerischen Schaffen dominieren Natur- und Landschaftsdarstellungen, er organisiert Ausstellungen in der Schweiz und den Niederlanden, kann aber bis in die 1940er-Jahre nicht von seiner Kunst leben.

Als 1935 sein junger Sohn George in einer »Balilla«-Uniform nach Hause kommt, beschließt Maurits, Italien zu verlassen und nach Château-d'Œx in die Schweiz zu ziehen. 1936 reist er mit seiner Familie nach Spanien und Italien, dabei bezahlt er die Schifffahrtsgesellschaft mit einigen Drucken. Das erneute Sehen der maurischen Majolika läutet die Periode der Metamorphosen und der regelmäßigen Flächenfüllungen ein.

1937 zieht die Familie Escher nach Uccle in Belgien. Hier beschäftigt sich Maurits intensiv mit der Kristallographie, auch dank seines Stiefbruders Berend George, einem Professor der Geologie.

Am 6. März 1938 wird der dritte Sohn Jan geboren.

1940 beendet Maurits die *Metamorphose II*, eines seiner berühmtesten Werke.

Wegen des Krieges zieht die Familie gezwungenermaßen nach Baarn in den Niederlanden. Hier entwirft Maurits fünf Holzintarsien für das Büro des Bürgermeisters im Rathaus in Leiden. Mitte der 1940er- bis etwa Mitte der 1950er-Jahre widmet er sich der Perspektive.

1951 veröffentlicht die englische Zeitschrift *The Studio* einen Artikel über ihn, es folgen Berichte in den amerikanischen Magazinen *Life* und *Time*. M. C. Escher wird weltweit berühmt.

1954 finden große Ausstellungen in Amsterdam und Washington statt. Im Folgejahr wird Maurits Ritter des Ordens von Oranien-Nassau der niederländischen Regierung. In diesen Jahren widmet er sich dem Studium der Unendlichkeitsannäherung auf dem Gebiet der Grafik. 1958 erscheint *Regelmatige Vlakverdeling* (*Regelmäßige Flächenfüllungen*), 1959 folgt *The Graphik Work of M. C. Escher*, das in mehrere Sprachen übersetzt wird und 1965 von Caroline H. MacGillavry, Professorin für Kristallographie an der Universität Amsterdam, aufgegriffen wird.

1960 spricht Maurits auf einigen Konferenzen an Universitäten in Kanada (wo sein Sohn George mit seiner Familie lebt) und in den USA. Die Tour muss 1964 unterbrochen werden, weil er sich in Toronto einer Operation unterziehen muss.

1965 verleiht ihm die Stadt Hilversum den Preis für sein Lebenswerk. 1968 werden zwei wichtig Retrospektiven seines Werks im Gemeentemuseum Den Haag und in der Phil and Amy Mickelson Foundation in Washington gezeigt.

Sein letzter Holzschnitt, *Schlangen*, ist auf Juli 1969 datiert.

Maurits' Gesundheitszustand verschlechtert sich und Maurits wird 1970 ins Krankenhaus eingeliefert. Dann wird er im Rosa Spier Huis in Laren (Nordholland) aufgenommen, einem Wohn- und Arbeitszentrum für ältere Künstler und Wissenschaftler.

Maurits stirbt am 27. März 1972 im Krankenhaus in Hilversum.

Er hatte verfügt, dass nach seinem Tod seine Holzschnitt- und Lithografieplatten sowie Holzstichvorlagen zerstört oder unbrauchbar gemacht werden sollten. Posthume Abzüge haben Fehler, die zeigen, dass die Drucke nicht von ihm selbst stammen oder nicht von ihm autorisiert wurden.

BASIS-BIBLIOGRAFIE

Bussagli, Marco und Federico Giudiceandrea: *M.C. Escher. Città di Catania,* Ausstellungskatalog, Catania, Palazzo della Cultura, 19. März –17. September 2017, Arthemisia, 2017

Bussagli, Marco: *Escher,* Giunti Editore, Mailand 2004

Ernst, Bruno: *Der Zauberspiegel des M.C. Escher,* Taco Verlagsgesellschaft, Berlin 1986

Escher, M. C.: *Esplorando l'infinito. I segreti di una ricerca artistica,* Garzanti, Mailand 1991

Escher, M. C.: *Graphik und Zeichnungen,* Taschen, 2. Auflage 2011

Hofstadter, Douglas R.: *Gödel, Escher, Bach – ein Endloses Geflochtenes Band,* Klett-Cotta, Stuttgart 1985

Mediati, Domenico und Saverio Pazzano: *M.C. Escher in Calabria. Memorie incise di un viaggiatore olandese,* Rubbettino Editore, Soveria Mannelli 2019

WEBSEITEN

M. C. Escher
https://www.mcescher.com

Escher in het paleis
https://www.escherinhetpaleis.nl/

Escher printmaking
https://www.ngv.vic.gov.au/custom/screens/escher-printmaking/intro.html

M. C. Escher – Wikipedia (deutsch)
https://de.wikipedia.org/wiki/M._C._Escher

FILMOGRAFIE

M. C. Escher – Reise in die Unendlichkeit (Regie Robin Lutz, Robin Lutz AV Producties. 2018).

VERZEICHNIS DER BILDLICH ZITIERTEN WERKE

Cover, komplett: *Relativität,* 1953. Lithografie, 28 x 29 cm
Seite 6, komplett: *Treppe* 1951. Lithografie, 47 x 24 cm
Seite 9, Panel 1: *Hand mit spiegelnder Kugel,* 1930. Lithografie, 32 x 21,5 cm
Seite 15, Panel 6: *Selbstporträt auf einem Sessel,* 1920. Xylografie
Seite 16, Panel 2: *Porträt,* 1919. Xylografie
Seite 18, Panel 1: *Cesarò und Etna,* 1933. Xylografie, 24,1 x 39,2 cm
Seite 19, Panel 1: *San Gimignano,* 1923. Xylografie, 28,9 x 48,3 cm
Seite 20, Panel 1: *Maison Escher* 1931. Farbzeichnung
Doppelseite 24-25: *Band der Einheit,* 1956. Lithografie, 26 x 34 cm
Seite 32, komplett: *Tiefe,* 1955. Xylografie, 32 x 23 cm
Seiten 48 und 49: *Metamorphosen,* 1939–1940 und 1967–1968. Xylografien, 19,5 x 700 cm
Doppelseite 52–53: *Tag und Nacht,* 1938. Xylografie, 39,3 x 67,8 cm
Seite 61, komplett: *Andere Welt II,* 1947. Xylografie, 31,5 x 26 cm
Seite 70, Panel 2: *Traum,* 1935. Xylografie, 32 x 24 cm
Doppelseite 74–75, Panel 1: *Morano,* 1930. Xylografie, 24 x 32,2 cm
Doppelseite 74–75, Panel 2: *Pentedattilo,* 1930. Lithografie, 49,4 x 64,7 cm
Doppelseite 74–75, Panel 3: *Cattolica di Stilo,* 1930. Lithografie, 22,9 x 28,7 cm
Doppelseite 74–75, Panel 4: *Tropea,* 1931. Xylografie, 31,3 x 23,5 cm
Doppelseite 74–75, Panel 5: *Tempel von Segesta,* 1930. Xylografie, 32,2 x 24,2 cm
Seite 79, Panel 4: *Pentedattilo,* 1930. Lithografie, 19,7 x 25,5 cm
Seite 86, Panel: *Belvedere,* 1958. Lithografie, 46 x 29,5 cm
Seite 88, Panel 1: *Mann mit Kubus,* 1958. Xylografie, 13,9 x 11,8 cm
Seite 91, Panel 1: *Aufsteigend – Absteigend,* 1960. Lithografie, 38 x 28,5 cm
Seite 97, Panel 4: *Plattwürmer,* 1959. Lithografie, 33,8 x 41,2 cm
Seite 98, Panel 2: *Drache,* 1952. Xylografie, 32 x 24 cm
Seite 98, Panel 3: *Pfütze,* 1952. Xylografie, 24 x 32 cm
Seite 105, Panel 3: *Balkon,* 1945. Lithografie, 30 x 23,5 cm
Seite 112, Panel 1: *Der Brunnen,* 1946. Xylografie, 12 x 10,1 cm
Seite 112, Panel 3: *Reptilien,* 1943. Xylografie, 33,4 cm × 38,5 cm
Seite 113, Panel 3: *Drei Kugeln I,* 1945. Xylografie, 28 x 17 cm
Doppelseite 128–129: *Möbiusband II,* 1963. Xylografie, 43,5 x 20,5 cm
Seite 133, Panel 2: *Auge,* 1946. Mezzatinta, 15 x 20 cm

DANK

Danke, Lucia, du bist mein »Grau«.

Danke, Massimiliano und Emanuele, dass ihr das Potenzial dieses Buches erkannt habt.

Danke, Andrés, für deine Professionalität, die langen Nächte, die Ratschläge und die Qualität eines wahren Künstlers.

Ich danke meiner Familie, die mir geholfen hat, Struktur ins Chaos zu bringen.

Danke, Zoppì, Rocca, Pazz, Pirro und Leo, ihr habt das Chaos zu etwas Witzigem gemacht.

Danke, Arianna, vielen, vielen Dank, dass du mich zu jener Ausstellung mitgenommen hast.

Lorenzo

Danke an euch alle, die ich in der letzten Zeit vernachlässigt habe, ihr seid unverzichtbar.

Danke, Lorenzo, für dein Vertrauen, und dafür, dass du mir eine Tür zu dieser unmöglichen Welt geöffnet hast.

Andrès